★★★★★★★★★★★★★★★★★★
PROYECTOS
IMPRESIONANTES
DE LA GUERRA CIVIL
Que Puedes
Construir Tú Mismo

Maxine Anderson

D1295079

~ Libros en la serie *Constrúyelo tú mismo* ~

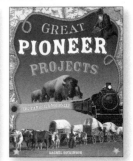

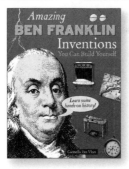

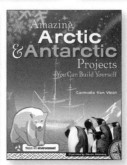

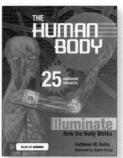

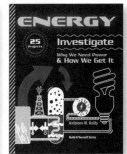

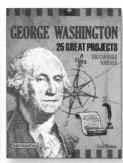

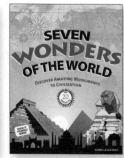

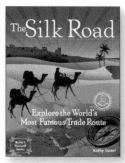

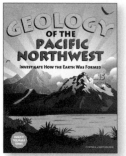

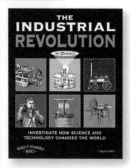

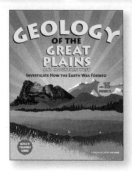

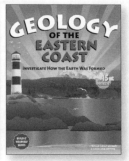

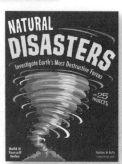

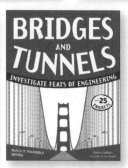

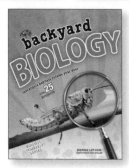

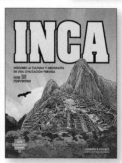

Nomad Press se compromete a conservar los bosques antiguos y los recursos naturales. Hemos elegido imprimir *Proyectos impresionantes de la Guerra Civil que puedes construir tú mismo* en 4.007 lb. de papel Williamsburg reciclado al 30% en offset.

Nomad Press eligió este papel porque nuestra imprenta, Sheridan Books, es miembro de Green Press Initiative, un programa sin fines de lucro dedicado a apoyar autores, editoriales y proveedores en sus esfuerzos por reducir su uso de la fibra que se obtiene de los bosques en peligro de extinción.

Para más información, visite: **www.greenpressinitiative.org**

Este libro fue manufacturado por Sheridan Books,
Ann Arbor, MI, EE. UU.
Abril 2012, Trabajo #336243
ISBN: 978-1-936749-62-1

Asesor educacional Marla Conn
Traducción del inglés por Cecilia Molinari

Preguntas sobre cómo ordenar este libro se deben dirigir a
Independent Publishers Group
814 N. Franklin St.
Chicago, IL 60610
www.ipgbook.com

Nomad Press
2456 Christian St.
White River Junction, VT 05001
www.nomadpress.net

Contenido

Noviembre de 1860: Abraham Lincoln es elegido presidente de Estados Unidos. Él está en contra de la expansión de la esclavitud hacia nuevos territorios del país, y muchos estados sureños creen que es una amenaza a su estilo de vida.

Diciembre de 1860: Carolina del Sur se separa de la Unión.

Principios de 1861: Seis estados sureños adicionales —Mississippi, Alabama, Florida, Georgia, Texas y Louisiana— se separan de Estados Unidos y establecen un país nuevo con su propio gobierno y constitución llamado los Estados Confederados de América. Nombran a Jefferson Davis como presidente.

Abril de 1861: Soldados confederados toman Fort Sumter en Carolina del Sur de la Unión. Esto comienza la Guerra Civil y causa que Virginia, Carolina del Norte, Arkansas y Tennessee se separen de la Unión y se junten con la Confederación. Se nombra Richmond, Virginia, como la nueva capital.

Julio de 1861: En el primer conflicto importante de la Guerra Civil, llamado la Primera Batalla de Bull Run o la Primera Batalla de Manassas, el ejército de la Unión se ve forzado a retirarse hacia el norte, a Washington, D.C.

Otoño de 1861: La marina de la Unión bloquea la costa de los estados de la Confederación para cortar sus provisiones.

Mayo de 1862: El general Stonewall Jackson, de la Confederación, y sus tropas batallan las fuerzas de la Unión en el Shenandoah Valley en Virginia. Obligan a que los soldados de la Unión crucen el río Potomac y se retiren hacia Washington, D.C.

Agosto 1862: La Segunda Batalla de Bull Run, o la Segunda Batalla de Manassas, es una victoria para la Confederación.

Septiembre de 1862: El transbordador de Harper cae en manos de las tropas confederadas, al mando del general Jackson, lo cual lleva a la Batalla de Antietam. Este día se conoce como el más sangriento de la guerra, pero no hay un ganador evidente.

Enero de 1863: El presidente Lincoln emite la Proclamación de la Emancipación, liberando a todos los esclavos en la Confederación.

★ ★ ★ ★ CRONOLOGÍA DE LA GUERRA CIVIL ★ ★ ★ ★

Mayo de 1863: En la Batalla de Chancellorsville, Virginia, los confederados ganan una victoria importante bajo el mando del general Robert E. Lee. La victoria queda arruinada unos días más tarde con la muerte del general Stonewall Jackson, quien falleció por sus heridas.

Julio de 1863: La campaña Gettysburg es el momento decisivo de la guerra, con enormes pérdidas para los confederados. A su vez, los confederados se rinden en Vicksburg, Mississippi, al general Ulysses S. Grant del ejército de la Unión. Esto pone la mayoría del río Mississippi bajo el mando del ejército de la Unión y parte a la Confederación en dos.

Septiembre de 1863: Los confederados ganan la Batalla de Chickamauga, en Georgia.

Noviembre de 1863: en la Batalla de Chattanooga, los soldados de la Unión toman control de la ciudad y luego casi todo el estado de Tennessee. Lincoln pronuncia su famoso Discurso de Gettysburg en una ceremonia consagrando un cementerio de soldados en el lugar en donde se llevó a cabo la Batalla de Gettysburg.

Mayo a junio de 1864: El general Grant conduce la campaña Wilderness, una batalla larga y sangrienta. Persigue despiadadamente a los soldados del general Lee hacia Richmond, a pesar de la gran cantidad de bajas.

Agosto a noviembre de 1864: El general de la Unión William T. Sherman marcha desde Chattanooga, Tennessee, a Atlanta, Georgia, tomando la ciudad y continuando hacia el mar. Abraham Lincoln es reelegido para otro mandato presidencial.

Enero de 1865: El Congreso de Estados Unidos aprueba la Decimotercera Enmienda a la Constitución de Estados Unidos, aboliendo la esclavitud.

Abril de 1865: La capital de la Confederación —Richmond, Virginia— cae en manos de las fuerzas de la Unión. El general Lee se rinde. Menos de una semana más tarde, el presidente Lincoln muere por un disparo de John Wilkes Booth.

Mayo de 1865: Las tropas confederadas restantes se rinden y Jefferson Davis, el presidente de los Estados Confederados, es capturado en Georgia.

LA UNIÓN

Abraham Lincoln: Presidente de los Estados Unidos de América desde 1861 a 1865. Lincoln ganó la elección de 1860 con menos del 40% del voto popular, y su elección provocó la separación de los estados sureños. La Proclamación de Emancipación de Lincoln en 1863 liberó a esclavos en los territorios bajo el mando de la Confederación, y hoy día es conocido como el presidente que terminó con la esclavitud en Estados Unidos. Fue asesinado por John Wilkes Booth el 14 de abril de 1865.

Ulysses S. Grant: Comandante de las fuerzas de la Unión en 1864. Grant era un oficial quien dejó el servicio en 1854, y luego se reincorporó al comenzar la Guerra Civil. Nadie esperaba mucho de él, sin embargo llevó a cabo varias victorias sensacionales con sus tropas en el frente oeste. Después de tomar el mando de las fuerzas de la Unión, Grant logró derrotar a los confederados en menos de un año.

LA CONFEDERACIÓN

Jefferson Davis: Presidente de los Estados Confederados desde 1861 a 1865. Davis había sido un senador de Estados Unidos durante muchos años, y fue el ministro de guerra del presidente Franklin Pierce de 1853 a 1857. Se unió a la Confederación esperando un puesto militar, pero, en cambio, el Congreso confederado lo eligió presidente. Después de que la Confederación perdió la guerra, Davis pasó dos años en la cárcel acusado de traición. Murió en 1899.

Robert E. Lee: Comandante del ejército del norte de Virginia, el ejército confederado principal. En 1861, el presidente Lincoln le pidió a Lee que estuviera al mando del ejército de la Unión. Él se negó y, en cambio, tomó el mando de las fuerzas confederadas. Robert E. Lee era apreciado universalmente tanto por los líderes confederados como los de la Unión.

INTRODUCCIÓN

Alguna vez te has preguntado cómo era la vida durante la **Guerra Civil**? Mucho dependía del color de tu piel, dónde vivías y si eras rico o pobre antes de que comenzara la Guerra Civil. Sin embargo, sea que vivieras en el profundo Sur o el lejano Norte, o que tu pueblo fuera el terreno de una batalla o esté alejado de la pelea, de igual manera te hubiera afectado la guerra entre los ejércitos de la **Unión** y la **Confederación**.

Este libro te ayudará a descubrir cómo era la vida durante la Guerra Civil para las familias, los soldados y los niños. Aprenderás por qué comenzó la Guerra Civil. Encontrarás algunos hechos interesantes sobre la gente, los lugares y las batallas durante la guerra. Y crearás proyectos que te darán una idea de cómo la gente se comunicaba, se divertía y vivía su día a día durante la Guerra Civil.

PALABRAS ÚTILES

Guerra Civil: la guerra en Estados Unidos, de 1861 a 1865, entre los estados del Norte y los estados esclavistas del Sur.

Unión: Estados Unidos, pero en particular los estados del Norte durante la Guerra Civil de Estados Unidos.

Confederación: el gobierno establecido por los estados sureños de Estados Unidos al dejar la Unión en 1860 y 1861. Llamado los Estados Confederados de América o la Confederación.

Bandera de la Confederación.

El libro está dividido en dos partes generales. *En el campo de batalla* describe la vida del soldado en el campamento militar y durante la batalla. *En la retaguardia* te da una idea de lo que era la vida para las personas de todos los días durante la Guerra Civil. La mayoría de los proyectos en este libro se pueden hacer bajo supervisión adulta mínima, y los materiales requeridos son artículos del hogar común y corrientes o se consiguen fácilmente en una tienda de manualidades. Ahora da un paso atrás, hacia la década de 1860, y *Construyelo tú mismo.*

Bandera de la Unión.

EL COMIENZO DE TODO

La Guerra Civil, también conocida como la Guerra entre los Estados, comenzó oficialmente el 12 de abril de 1861. El ejército de la Confederación atacó a Fort Sumter en Carolina del Sur, el cual pertenecía a la Unión. Dentro de dos días, los soldados de la Unión entregaron el fuerte a la Confederación. Esta fue la primera batalla de una guerra que duró cuatro años y costó más de medio millón de vidas. Sin embargo, las razones de la guerra comenzaron mucho antes.

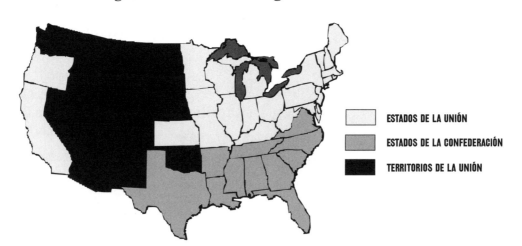

ESTADOS DE LA UNIÓN

ESTADOS DE LA CONFEDERACIÓN

TERRITORIOS DE LA UNIÓN

Algunos dirían que la Guerra Civil comenzó con la fundación de Estados Unidos, casi cien años antes de que se dispararan los primeros tiros.

Entonces, ¿qué causó la guerra? La **esclavitud**. Cuando los fundadores de Estados Unidos escribieron la **Constitución** en 1787, incluyeron algunas reglas sobre la esclavitud. Esto ocurrió porque la esclavitud era una parte importante de la vida en las **plantaciones** del Sur. Los fundadores del país se dieron cuenta de que tendrían que permitir que la esclavitud continuara allí, o los líderes del Sur no aceptarían a la Constitución como la ley del país.

En los estados donde la esclavitud era legal cuando se escribió la Constitución, la esclavitud permanecería legal. Se acordó que el **tráfico de esclavos** podría continuar hasta 1808. También se acordó que un esclavo no podría ser libre al escaparse a otro estado. ¿Pero qué ocurría cuando un estado nuevo quería sumarse a la Unión? La gente que votaba por convertirse en un estado tendría que decidir por sí misma si quería permitir la esclavitud en aquel estado nuevo.

Cada vez que un estado nuevo se sumaba a la Unión, había otra pelea con respecto a la esclavitud. Se llegaron a acuerdos mutuos para que el balance de estados libres y estados esclavistas se mantuviera igual. El Acuerdo de Missouri en 1820 aceptó en la Unión a Missouri como un estado esclavista y a Maine como un estado libre. El Acuerdo de Missouri también mantuvo que era ilegal tener esclavos en el **territorio federal** que era parte de la **Compra de Louisiana**, al norte de una línea que formaba la frontera del sur de Missouri.

PALABRAS ÚTILES

esclavitud: cuando usan a los esclavos como obreros. Un esclavo es una persona que es la propiedad de otra persona y está obligada a trabajar sin pago y en contra de su voluntad.

Constitución: el documento que establece las reglas para gobernar un país.

plantación: una granja grande del Sur con esclavos como obreros.

tráfico de esclavos: el acto de comprar gente en África y venderla en Estados Unidos.

territorio federal: la tierra que le pertenece a Estados Unidos que todavía no se había establecido como un estado.

Compra de Louisiana: la tierra al oeste del río Mississippi que Estados Unidos le compró a Francia en 1803.

PALABRAS ÚTILES

fugitivo: alguien que se escapa o huye.

prohibir: hacer ilegal.

abolir: terminar algo.

fértil: bueno para crecer cosechas.

El Acuerdo de 1850 incluyó en la Unión a California como un estado libre, pero también pasó un Acta del Esclavo **Fugitivo** nueva y más fuerte. Esta ley declaró que los esclavos fugitivos descubiertos en cualquier estado debían ser devueltos a sus dueños.

Esta situación se encontraba equilibrada, pero nadie estaba demasiado contento con el acuerdo.

Una decisión en 1857 de la Corte Suprema de Estados Unidos, llamada la decisión de Dred Scott, empeoró aun más la situación. En aquel momento, Estados Unidos era del mismo tamaño de hoy en día pero solo tenía treinta y un estados. La mayoría de la tierra en el medio y oeste del país estaba dividido en territorios. La decisión de Dred Scott dictaminaba que nadie —ni el Congreso ni cualquier gobierno territorial— podía **prohibir** ni **abolir** la esclavitud en territorio federal alguno. Esto significaba que un dueño de esclavos podía llevar a sus esclavos a un territorio federal y ser dueño de ellos legalmente, aunque el territorio se considerara "libre."

Remate de esclavos

Muchos hacendados sureños querían expandir la industria del algodón a la tierra nueva y **fértil** de los territorios del Oeste. Pero los estados del Norte deseaban prohibir la esclavitud allí para mantener el equilibrio entre estados esclavistas y libres.

AL BORDE DE LA GUERRA

El **asunto** del estado esclavista y el estado libre se tornó violento cuando el territorio de Kansas estaba decidiendo si pertenecer a la Unión como estado libre o esclavista. La gente fuera de Kansas intentó influir el voto. El territorio se comenzó a conocer como "Kansas Sangrante" por las batallas sangrientas entre la gente que apoyaba a Kansas como estado esclavista y los que lo apoyaban como un estado libre. En 1861, Kansas eligió convertirse en un estado libre. En ese momento, el país entero estaba al borde de la guerra consigo mismo.

PALABRAS ÚTILES

asunto: motivo de preocupación.

separar: irse o retirarse formalmente.

Cuando llegó la elección presidencial de 1860, los estados sureños ya estaban listos para dejar a la Unión.

Los estados sureños no querían formar parte de una Unión donde un gobierno central dictara todas las reglas. Cada estado del Sur quería mantener a la esclavitud como algo legal. Los estados sureños estaban seguros que Abraham Lincoln estaba en contra de la esclavitud. Creían que él limitaría la esclavitud en estados nuevos como primer paso hacia su "extinción total," como bien dijo Lincoln, si fuese electo.

Abraham Lincoln

Un mes después de que Lincoln ganara la elección en noviembre de 1860, Carolina del Sur se **separó** de Estados Unidos. Florida, Mississippi, Alabama, Louisiana, Georgia y Texas se unieron a Carolina del Sur para formar un país nuevo, los Estados Confederados de América. Pronto se sumaron Virginia, Tennessee, Missouri y Kentucky. Jefferson Davis fue elegido presidente de este nuevo país el 4 de febrero de 1861. Dos meses después, dispararon los primeros balazos de la Guerra Civil.

EN EL CAMPO DE BATALLA

La mayoría de los soldados que se sumó a la pelea para la Unión o la Confederación no sabía en lo que se estaba metiendo. ¿Por qué los soldados decidieron unirse a la batalla? En el caso de la Confederación, la mayoría quería defender su estado, su casa, su familia. Muchas de las peleas ocurrieron en el Sur del país, en los estados que se separaron.

Sobre ilustrado: "Despejen la vía —la Unión por siempre"

Los soldados de la Unión se sumaron por varias razones. Algunos creían en la idea de un solo país y un gobierno nacional. Algunos creían en la causa **abolicionista**. Y otros estaban en busca de una aventura.

Los soldados de ambos lados encontraron que pasaban más tiempo esperando en el campamento militar o marchando distancias largas que peleando en el campo de batalla. Cuando sí lograban pelear, era una masacre a escala masiva. En la Batalla de Gettysburg, más de 51.000 hombres murieron o fueron heridos en tan solo tres días.

Aun más soldados murieron de enfermedad que de heridas de guerra. Por cada soldado que murió peleando, dos murieron de enfermedades como la disentería, diarrea, tifoidea y malaria. Esto generalmente estaba ligado a las condiciones de hacinamiento insalubre en las que vivían. Los soldados destinados a zonas rurales contraían enfermedades de niños, como el sarampión y la varicela, porque nunca antes las habían padecido. Más de cinco mil soldados de la Unión murieron a causa del sarampión durante la guerra.

La medicina en el campo de batalla era muy básica. Nadie esterilizaba sus instrumentos ni las zonas de operaciones. Además, la munición llamada la bola "minie" destrozaba huesos e infectaba las heridas con ropa y tierra. El método más común para tratar a las heridas en de pierna o brazo era **amputarlos** cuanto antes. En total, más de 200.000 hombres murieron por heridas de guerra, normalmente por shock e infección.

PALABRAS ÚTILES

abolicionista: una persona que creía que la esclavitud debía ser abolida o terminada.

amputar: cortar y separar del cuerpo.

peleas sitiadas: batallas largas donde cada lado yace en espera de que el otro se rinda.

Estas heridas llevaron a que los ejércitos de la Unión y la Confederación cambiaran su manera de pelear. Armas nuevas disparaban más lejos y más acertadamente que nunca antes. Hacia el final de la guerra, la **pelea sitiada** había tomado el lugar de la pelea a corta distancia.

Equipo de la ambulancia Zouave demostrando el traslado de soldados heridos del campo de batalla.

La pelea sitiada

En las guerras anteriores, las batallas eran cara a cara y las victorias y derrotas se daban de una manera rápida y decisiva. Las armas nuevas desarrolladas durante la Guerra Civil cambiaron la forma de batallar a peleas sitiadas. Las batallas duraban más tiempo —a veces hasta varios meses. Las **tropas** a menudo cavaban trincheras y fortificaciones en la tierra y permanecían en ellas, peleando de cuando en cuando y esperando de que el otro lado se diera por vencido.

PALABRAS ÚTILES

tropas: un grupo grande de soldados.

cantinero: una persona que le vendía comida y provisiones al ejército.

recluta: un sistema donde la gente debe alistarse en el ejército.

La vida en el campo de batalla era aburrida. Los soldados pasaban el tiempo haciendo ejercicios (marchando en formación), preparándose para entrar en la batalla y trabajando en el campo. Para los soldados de la Unión, la comida y otras provisiones estaban fácilmente disponibles. Lo que no les asignaban generalmente lo podían comprar en las cercanas carretas de los **cantineros**. Los soldados de la Confederación tenían muchas menos provisiones. A menudo dependían de la generosidad de familiares o granjeros y negocios cercanos.

Los soldados de la Guerra Civil casi nunca volvían a sus hogares. La mayoría se había alistado por tres meses, pero mientras la guerra se alargaba, se alistaban de nuevo por períodos de hasta tres años. Luego de un año de guerra, los confederados crearon una **recluta**, y un año más tarde, los de la Unión hicieron lo mismo. Cuando al fin terminó la guerra en 1865, más de un millón de hombres y niños habían sido matados o heridos. El Sur estaba en ruinas.

Los soldados pasan el tiempo jugando dominó en la mesa del comedor.

LAS BANDAS Y LA MÚSICA

La música era importante en la vida de los soldados de la Guerra Civil, tanto en el campo de batalla como fuera de él. Una banda militar siempre tocaba en las **congregaciones de reclutamiento**, y la mayoría de los **regimientos** voluntarios se unían con su propia banda completa. Las bandas ayudaban a levantar la moral de los soldados durante las largas marchas, los entretenían en el campo y los inspiraban previo y durante las batallas.

Los instrumentos más comunes que se tocaban en las bandas durante la guerra eran los tambores y las cornetas, y a veces los pífanos. Las unidades de **caballería** y **artillería** solo usaban las cornetas. La **infantería** también usaban los pífanos. El corneta también era responsable de dar señales en el campo de batalla. Los regimientos individuales podían distinguir la llamada de su propia corneta de las otras pertenecientes a otros regimientos.

PALABRAS ÚTILES

congregación de reclutamiento: una reunión pública para alistar nuevos miembros al ejército.

regimiento: un grupo grande de soldados divido en grupos menores, llamados batallones.

caballería: soldados entrenados a pelear a caballo.

artillería: una división del ejército que maneja armas grandes.

infantería: soldados entrenados a pelear a pie.

Una banda de la Guerra Civil.

¿Por qué eran vitales los tamborileros en el campo de batalla? El tipo de arma que se utilizaba en la guerra creaba una gran cantidad de humo, lo cual hacía que la visibilidad de los soldados disminuyera notablemente. Los tamborileros ayudaban a que los soldados encontraran sus unidades y que estas unidades se mantuvieran juntas. A menudo, la mejor manera de comunicar a las tropas en el campo de batalla era a través de los tambores, ya que el ruido de la batalla muchas veces ahogaba el sonido de las voces. Cuando los soldados escuchaban un redoble de tambor largo, sabían que era el aviso para que marcharan al combate. Fuera del campo de batalla o en la retaguardia, tres golpes individuales al tambor señalaban el fin del día para un soldado.

CONOCE LA JERGA DE LA GUERRA CIVIL

aquí está tu mula—una frase que la infantería usaba para insultar a la caballería.

patas palmeadas—una frase que la caballería usaba para insultar a la infantería.

La batalla de las bandas

A menudo, al atardecer, las bandas de los regimientos contrarios se comunicaban con canciones, igualando la forma de tocar de cada uno. Empezaban con música para marchas y canciones populares y, al transcurrir la noche, seguían con canciones más suaves y lentas.

En diciembre de 1862, un par de semanas después de la Batalla de Fredericksburg, una de las más sangrientas de la guerra, 100.000 tropas de la Unión y 70.000 de la Confederación estaban sitiadas en lados opuestos del río Rappahannock. Al transcurrir la noche, una de las bandas de la Unión comenzó a tocar "Home, Sweet Home." De a poco, cada una de las otras bandas de regimiento se unieron. Toda la actividad en el campo paró y los 170.000 hombres callaron y escucharon a las bandas tocar esa canción.

Cuando al fin terminaron, hubo un momento de silencio y de repente ambos lados comenzaron a vitorear. Un soldado escribió: "Si no hubiera habido un río entre ellos, ambos ejércitos se hubieran encontrado cara a cara, dado la mano y hubieran terminado la guerra en ese instante."

Cuerpo de tamborileros de la infantería número sesenta y uno de Nueva York.

Mientras los ejércitos cambiaban su táctica a peleas sitiadas, **guerra de trincheras** y unidades más pequeñas y más rápidas, comenzaron a usar más cornetas y menos tamborileros. Con el tiempo, las armas en el campo de batalla se volvieron más poderosas y ruidosas que en ningún otro momento en la historia, lo cual hacía más difícil oír a los tambores.

guerra de trinchera: cuando tropas enemigas pelean desde las trincheras, frente a frente.

Un corneta.

La mayoría de los tamborileros y cornetas de la Guerra Civil eran niños, a veces con tan solo once años de edad. Mientras cada lado prohibía que los niños pelearan, un niño sí podía alistarse en el ejército como tamborilero o corneta. Eran posiciones que no estaban involucradas en las peleas, por lo que los reclutadores les permitían alistarse sin cuestionar sus edades. Como la mayoría de la gente ni siquiera tenía partidas de nacimiento, colarse al ejército de ambos lados no era nada difícil.

❧ HECHOS Y CURIOSIDADES DE LA GUERRA CIVIL ☙

★ Un tamborilero de la Unión llamado Orion Howe, de catorce años de edad, ganó la medalla de honor. Esta medalla fue otorgada por primera vez durante la Guerra Civil. Él había transmitido las órdenes en el campo de batalla a pesar de estar gravemente herido.

★ El ejército de la Unión tenía más de cuarenta mil tamborileros y cornetas. Los confederados tenían veinte mil.

★ Los músicos también hacían de camilleros. Al terminar las batallas, los miembros de la banda trasladaban a los heridos fuera del campo de batalla.

Uno de los niño soldados más famosos de la Guerra Civil fue el tamborilero Johnny Clem. Primero intentó alistarse en el ejército de la Unión a los nueve años, pero lo rechazaron. Entonces, se escapó de su casa y se unió a la unidad número veintidós de la infantería de Michigan. Los soldados en la unidad lo querían, así que permitieron que se quedara.

Johnny Clem hacía mandados para los soldados en el campo y ellos le enseñaron como ser tamborilero. Durante la Batalla de Shiloh, una bala atravesó su tambor y así fue como

John Lincoln Clem, apodado Johnny Shiloh, doce años de edad, 1863.

recibió su apodo Johnny Shiloh. En 1863, el ejército por fin le permitió alistarse y, antes de terminar su carrera, llegó a ser general.

CONOCE LA JERGA DE LA GUERRA CIVIL

sano como un roble—en forma, saludable, sentirse bien.

CORNETA DE LA GUERRA CIVIL

1 Pídele a un adulto que te ayude a cortar alrededor de 2 pies (⅔ de metro) de la boca de la manguera, manteniendo la boca adherida. La boca de la manguera será tu boquilla.

2 Enrolla la manguera para formar un lazo con la boquilla de un lado y la parte cortada del otro. Une el lazo con cinta de embalar.

3 Pon el embudo en la parte cortada de la manguera. Si es demasiado ancho y no entra adentro de la manguera, la puedes pegar al final de la manguera con cinta de embalar.

4 Para tocar tu manguera-corneta (o cualquier instrumento de metal), necesitarás apretar los labios y emitir un zumbido contra la boquilla. Esto requiere de un poco de práctica, pero al cambiar la forma de tu boca mientras haces el zumbido puedes crear varias notas musicales. Hasta puedes tocar "Taps." Claro, no sonará tan bien como una corneta normal, pero las notas funcionarán.

Música para "Taps":

sol sol do, sol do mi, sol do mi
sol do mi, sol do mi, do mi sol
mi do sol, sol sol do

MATERIALES

- **manguera** (asegúrate que tus padres te den permiso para cortarla en pedazos, o compra una manguera barata en cualquier tienda de descuento)
- **tijeras de jardín o un cuchillo afilado**
- **cinta de embalar**
- **embudo de cocina**

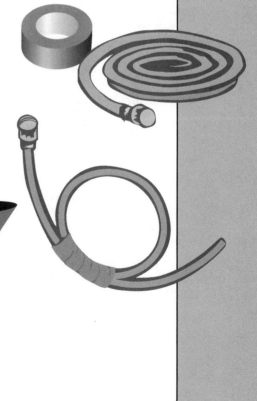

TAMBOR DE LA GUERRA CIVIL

1 Corta la parte de arriba y abajo de tu recipiente cilíndrico.

2 Decora tu papel de la manera que quieres que se vea la parte de afuera de tu tambor. Durante la Guerra Civil, los tambores en general eran teñidos de color marrón por fuera y a menudo se los decoraba con un estampado.

3 Usa cinta adhesiva o pegamento para adherir tu papel decorado al recipiente. Si es necesario, corta el papel para que encaje.

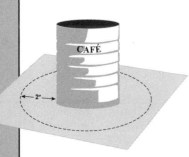

4 Agarra tu material escogido para la parte de arriba y abajo y corta pedazos redondos. Los pedazos deben ser suficientemente grandes para que sobresalga una o dos pulgadas del borde del recipiente. Durante la Guerra Civil, este material sería cuero de becerro, el cual se estira fácilmente y es sensible a la humedad.

MATERIALES

- **recipiente cilíndrico** como una lata de café, una caja de avena o un recipiente con nueces —cada recipiente creará diferentes tonos

- **abrelatas o tijera**

- **pedazo de papel** para envolver al recipiente

- **materiales para decorar y colorear**

- **cinta adhesiva o pegamento**

- **lienzo, material de goma o cuero** suficientemente grande como para cubrir la parte de arriba y abajo del recipiente

- **2 bandas elásticas grandes**

- **cucharas de madera, palos, varillas de madera, lápices o bolígrafos** para usar como baquetas

5 Utiliza las bandas elásticas para sostener el material alrededor del recipiente. Hala al material hasta que quede bien estrecho así el tambor retumbará bien.

6 Puedes pegar pedazos de hilo o dibujar oscuras líneas zigzag de arriba abajo, creando así triángulos o líneas paralelas por fuera del tambor. Los tambores de la Guerra Civil tenían estas líneas hechas de cuerda marrón o negro.

7 Ahora que tu tambor está terminado, tócalo utilizando tus baquetas. Experimenta con diferentes ritmos dándole al centro y borde del tambor. Puedes oír cómo sonaban los músicos de la Guerra Civil en YouTube.com. Pídele a un adulto que te ayude a buscar "Civil War drum calls" (tambores de la Guerra Civil o "Civil War music" (música de la Guerra Civil).

Una posible manera de decorar tu tambor.

EN EL CAMPO DE BATALLA
LA FOTOGRAFÍA

La primera vez en la historia de Estados Unidos en que se usó la fotografía para hacer un registro público de eventos fue durante la Guerra Civil. Hasta entonces, los artistas hacían bosquejos de los eventos. El arte de la fotografía solo tenía veintiún años cuando comenzó la Guerra Civil, pero ya era bastante popular en Estados Unidos. Antes

Ambrotipo de un soldado de la Guerra Civil.

de irse a la guerra, muchos soldados de la Guerra Civil se sacaron retratos. Fotógrafos ambulantes o estudios pequeños de fotografía usaban un tipo de fotografía conocida como ambrotipo. Estas eran imágenes únicas hechas sobre vidrio o metal.

Fotógrafo de la Guerra Civil.

Los fotógrafos también viajaban a las retaguardias y los campos de batalla, registrando los eventos de la guerra. La mayoría de estas fotografías utilizaban negativos de placa húmeda. Una placa de vidrio se trataba con químicos y luego se exponía a la imagen entre cinco a treinta segundos. Esto creaba un negativo que se podía imprimir varias veces sobre papel.

Mathew Brady

Mathew Brady

El fotógrafo más famoso de la Guerra Civil fue Mathew Brady, un retratista en Nueva York previo a la guerra. Brady fotografió a varios líderes políticos importantes en su estudio y fue uno de los primeros en usar las fotografías como registro de eventos históricos.

Cuando estalló la Guerra Civil, Brady reclutó a un grupo de fotógrafos para viajar por Estados Unidos, haciendo registros fotográficos de las batallas, los soldados y las ciudades afectadas por la guerra. Brady no tomó muchas de las fotografías él mismo, pero toda fotografía tomada por sus asistentes fue acreditada "Foto de Brady," volviéndolo famoso durante la guerra. También compró muchos negativos con imágenes de la guerra tomados por fotógrafos independientes. Más de cinco mil imágenes fueron tomadas durante la Guerra Civil, muchas de ellas acreditadas a Mathew Brady.

En 1875, el Congreso le pagó a Brady $27.840 por los derechos de todas sus imágenes. Brady murió en 1895 y fue enterrado en el Arlington National Cemetery en honor a su importante trabajo fotográfico durante la guerra.

Los fotógrafos de la Guerra Civil no iban al campo de batalla durante las peleas. El equipo fotográfico era aparatoso y delicado, y el proceso de exponer y revelar las imágenes hacía casi imposible la toma de fotos en acción. Esto significaba que los fotógrafos debían sacar fotos del campo de batalla después de haberse terminado la pelea, a menudo antes de que los soldados heridos o muertos hayan sido trasladados a los hospitales de campaña.

CONOCE LA JERGA DE LA GUERRA CIVIL

el querido de alguien—un soldado muerto. También en inglés es el nombre de una canción popular de la Guerra Civil, llamada *Somebody's Darling.*

Los fotógrafos del campo a veces cambiaban los cuerpos muertos de lugar en el campo de batalla para que sus fotos se vieran más dramáticas.

∽ HECHOS Y CURIOSIDADES DE LA GUERRA CIVIL ∾

★ Timothy O'Sullivan, uno de los fotógrafos del campo de Mathew Brady, tomó imágenes dramáticas de la Batalla de Gettysburg. Estas fotografías inspiraron el famoso Discurso de Gettysburg de Abraham Lincoln en la consagración del Soldier's National Cemetery de Gettysburg. El presidente Lincoln usó el Discurso de Gettysburg para recalcar la idea de que todos los hombres nacieron iguales.

★ Los **actores de una reconstrucción** que recrean a los fotógrafos de la Guerra Civil usan el arte de la fotografía con placas húmedas. Hacen fotos de las **reconstrucciones** de la misma manera en que los fotógrafos de la Guerra Civil hacían sus originales.

★ De las miles de fotografías tomadas durante la Guerra Civil, ni una es de una verdadera batalla en acción.

PALABRAS ÚTILES

actor de una reconstrucción: alguien que reconstruye un evento pasado.

reconstrucción: reconstruir o actuar un evento pasado.

Carreta de un fotógrafo de la época de la Guerra Civil.

CÁMARA ESTENOPEICA

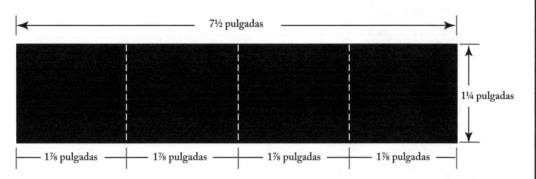

7½ pulgadas

1¼ pulgadas

1⅞ pulgadas — 1⅞ pulgadas — 1⅞ pulgadas — 1⅞ pulgadas

1 Mide y corta el cartón a 7½ pulgadas de largo y 1¼ pulgadas de ancho (18¾ por 3 cm). Luego marca cuatro secciones iguales de 1⅞ pulgadas de largo (ver la ilustración) (4¾ cm). Usa el cuchillo para cortar el cartón levemente (no del todo) para que sea más fácil doblarlo. Dobla el cartón para formar una caja y sujétalo con cinta adhesiva negra. El interior de la caja debe ser negra, así que usa el papel negro para hacer un revestimiento negro dentro de tu caja. También la puedes pintar de negro.

MATERIALES

- **regla**
- **cartón corrugado grueso**
- **tijera**
- **lápiz**
- **cuchillo**
- **cinta adhesiva negra**
- **papel negro** o pintura negra
- **película de fotos:** un rollo de fotos a color de tamaño 110, como Kodak Gold 200
- **papel de aluminio**
- **alfiler** (debe ser recto) o una aguja de coser
- **dos bandas elásticas grandes**
- **una moneda de diez centavos o cinco centavos de dólar**

2 Inserta la caja dentro del rollo de fotos, con uno de los lados abiertos de la caja hacia el rollo (de esta manera el rollo de fotos se transforma en el quinto lado del cubo). Debe entrar justo.

★ ★ ★ **19** ★ ★ ★

CONTINÚA EN LA SIGUIENTE PÁGINA. . .

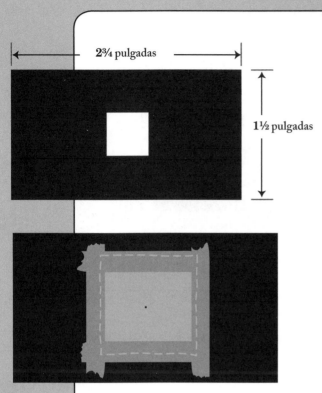

2¾ pulgadas

1½ pulgadas

3 Para crear la parte delantera de la cámara, corta otro rectángulo de cartón, 2¾ por 1½ pulgadas (7 por 3 cm). Reviste este pedazo con papel negro o píntalo de negro. En el centro de este pedazo de cartón, corta un agujero cuadrado que mida ½ pulgada cada lado (1¼ cm) y pégale un cuadrado de papel de aluminio de 1 pulgada sobre el agujero (2½ cm). Hazle un pequeño agujero al aluminio con el alfiler, con mucho cuidado para que sea lo más pequeño posible.

4 Sujeta la parte delantera con el resto de la cámara con dos bandas elásticas fuertes (ver ilustración).

5 Asegúrate que no le entre luz alguna a la cámara por los costados ni la parte de arriba o abajo. Usa la cinta adhesiva negra para tapar cualquier hendidura o agujero.

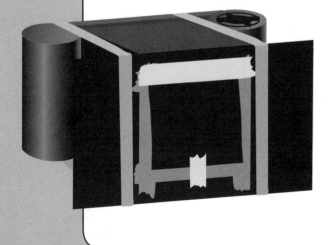

6 Cuando no estás tomando una foto, el agujero de alfiler debe permanecer cubierto por un pedazo de papel negro. Esto se puede lograr al pegar el papel sobre el agujero o crear algún tipo de obturador que se deslice sobre el agujero.

7 Usa la moneda de diez o cinco centavos para adelantar el rollo, girando en el sentido contrario a las agujas del reloj. Hay una pequeña ventana a un costado del rollo de fotos que indicará que el rollo se está adelantando. El rollo estará en la posición correcta cuando los números 3 y 4 aparecen en la ventanita.

CÓMO TOMAR UNA FOTO

1 Asegúrate de que la cámara esté muy estable. La mejor foto se producirá cuando la cámara está inmóvil mientras la película es expuesta a la luz. La puedes poner sobre una superficie sólida como una silla, una mesa, la repisa de una ventana o una piedra. El agujero de alfiler debe estar frente a lo que estás fotografiando.

2 Experimenta con diferentes tiempos de exposición. Esto significa cuánto tiempo dejas que entre luz a través del agujero de alfiler. De uno a tres segundos debería funcionar, pero este tiempo puede cambiar dependiendo de la cantidad de sol o luz disponible en su momento.

3 No te olvides de cubrir el agujero con papel negro luego de cada exposición.

4 Si quieres asegurarte de tener una imagen decente, puedes tomar tu foto dos o tres veces con diferentes tiempos de exposición. La técnica de tomar fotos con tres exposiciones —una con el tiempo recomendado, otra con el doble del tiempo y la última con la mitad del tiempo— se llama horquillado.

LAS BANDERAS DE LA GUERRA CIVIL

Las banderas jugaron un papel importante durante la Guerra Civil. Llamadas los "colores," eran símbolos de los **simpatizantes** de la Unión contra los de la Confederación. Las banderas se izaban en los fuertes, dejando saber a la gente a quién le pertenecía el fuerte, y también eran llevadas a las batallas.

PALABRAS ÚTILES

simpatizante: una persona que está de acuerdo con la opinión o posición de un tema.

Las banderas de los regimientos, las cuales representaban diferentes grupos de soldados, ayudaban a mantener al grupo unido en el campo de batalla. Los regimientos confederados en general llevaban una bandera con un diseño que correspondía a la de sus ejércitos. Si un regimiento era parte del ejército del norte de Virginia, por ejemplo, su bandera generalmente era un cuadrado rojo con una cruz confederada de rayas azules y estrellas blancas.

Oficiales del cuerpo de señal de Washington, D.C., bajando la bandera en su campamento cerca de Georgetown.

La guardia de color

Uno de los trabajos más importantes que un soldado podía tener era ser parte del regimiento de la Guardia de Color —el grupo de hombres que llevaban los colores a la batalla. Los hombres elegidos para la Guardia de Color fueron nombrados por su valentía o servicio en su unidad. Ser elegido para este honor equivalía a recibir una medalla.

Los miembros de la Guardia de Color eran eximidos de las obligaciones regulares del campamento, pero se esperaba que fueran al frente de su regimiento en cada batalla. Su trabajo era proteger al abanderado, conocido como el sargento de color, quien constantemente se encontraba en peligro grave. Este era el trabajo más peligroso durante la Guerra Civil. Si el sargento de color se caía y el enemigo capturaba la bandera, era una gran victoria para los captores de la bandera y una terrible pérdida para el regimiento.

Cada regimiento ponía su número de regimiento y las iniciales de su estado de residencia en sus banderas. Algunos regimientos también agregaban los nombres de las batallas que pelearon. Las banderas de los regimientos de la Unión y la Confederación a menudo estaban sumamente decoradas.

Se decía que cuanto más colores del regimiento izara un ejército, mayor su poder.

Además de las banderas de los regimientos, también había banderas de artillería, caballería, ingeniería y hospitales. Las banderas también se usaban como oficina de correos: si un comandante necesitaba hacerle llegar un mensaje a otro oficial en el campo de batalla, podía enviar un jinete hacia la bandera del regimiento y encontrar al oficial cerca.

LA BANDERA DE FORT SUMTER DE LA UNIÓN

Esta bandera se izó en Fort Sumter cuando las tropas de la Unión vivían allí a principios de 1861. Habían treinta y tres estrellas en esta bandera de la Unión, las cuales representaban los treinta y tres estados de la Unión de aquel entonces. Hoy en día tenemos cincuenta estados.

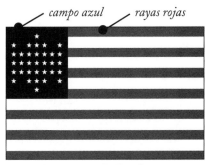

campo azul   *rayas rojas*

La bandera de Fort Sumter

El 11 de abril de 1861, el general Beauregard del ejército confederado le dijo al comandante Robert Anderson, el hombre a cargo de las tropas de la Unión, que **evacuaran** el fuerte. Anderson se rehusó a irse. Las **fuerzas** confederadas en Charleston, Carolina del Sur, atacaron a Fort Sumter, marcando así el comienzo de la Guerra Civil.

PALABRAS ÚTILES

evacuar: dejar un lugar peligroso e ir a un lugar seguro.

fuerzas: un grupo militar organizado para pelear.

Las tropas confederadas iniciaron su ataque en la temprana mañana del 12 de abril. Para cuando llegó el 13 de abril, la bandera de la Unión había sido disparada y bajada, y el fuerte estaba incendiándose. Al ver la bandera arriada, los confederados creyeron que significaba la rendición. Mientras remaban un bote hacia el fuerte para evacuar a las tropas de la Unión, Anderson izó otra bandera, indicándoles a los confederados que la batalla aun no había terminado. Les llevó a los confederados dos ataques más debilitar a Anderson y sus tropas como para que finalmente se rindieran.

campo azul

dos rayas rojas

"Estrellas y barras," la primera bandera de la Confederación, adoptada en marzo de 1861.

El 14 de abril, la bandera de la Unión fue arriada y se izó la bandera de la palmera de la Confederación.

Fort Sumter con los colores de las "estrellas y barras" de la Confederación izados.

LA BANDERA DE LA PALMERA DE CAROLINA DEL SUR

La bandera de la palmera recibió su nombre por su emblema central: una palmera. Este es el árbol del estado de Carolina del Sur, y fue reconocido por proteger un fuerte de Carolina del Sur de un ataque de los ingleses en 1776. La madera era tan resistente que las balas de cañón lanzadas de los barcos ingleses no pudieron destruir al fuerte, y muy pocas personas resultaron heridas o muertas. La bandera de la palmera hoy en día sigue siendo la bandera del estado de Carolina del Sur.

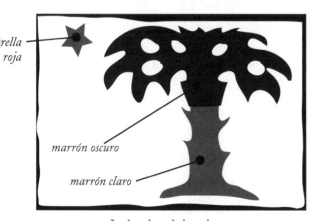

rella roja

marrón oscuro

marrón claro

La bandera de la palmera.

LOS 100 DE CALIFORNIA

Los 100 de California fue un grupo de alrededor de cien hombres de California quienes originalmente eran de la costa este. Este grupo se quería sumar a las fuerzas de la Unión en el Este. Se comunicaron con el gobernador de Massachusetts durante el verano de 1862 y le pidieron permiso para alistarse en un nuevo regimiento de caballería que se estaba formando en Massachusetts.

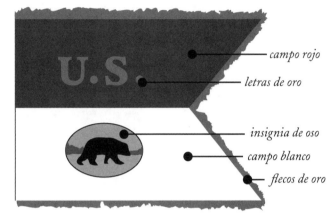

campo rojo

letras de oro

insignia de oso

campo blanco

flecos de oro

La bandera de los 100 de California.

El gobernador les permitió unirse bajo la condición de que tuvieran su propio uniforme, bandera y equipo. El grupo asintió y oficialmente se dieron a conocer como la Compañía A de la Segunda Caballería de Massachusetts. Popularmente se los conocía como "Los 100 de California."

CONOCE LA JERGA DE LA GUERRA CIVIL

pescados frescos—reclutas nuevos

trapos—ropa.

hayfoot, strawfoot—en español equivale a pie de paja, pie de heno; se usaba como orden para enseñarles a los soldados nuevos la diferencia entre el pie izquierdo (hayfoot) y el derecho (strawfoot).

Los 100 de California llevaban una bandera con un oso. Este oso ahora se encuentra en la bandera del estado de California.

Para llegar a Massachusetts, el grupo navegó por toda la costa Oeste hacia abajo desde San Francisco hasta Panamá, luego subieron por la costa Este hasta Boston. Los 100 de California fueron tan exitosos que muchos más voluntarios de California se alistaron para pelear para la Unión. Al principio eran una compañía separada, pero luego se sumaron a los 100 de California.

LA BANDERA DEL HOSPITAL

Las banderas de los hospitales se crearon para señalarles a los soldados heridos que la ayuda estaba cerca. Los hospitales del campo en general estaban estacionados en carpas detrás del campo de batalla o en un granero cercano. Esto le permitía a los soldados acceso rápido a la atención médica.

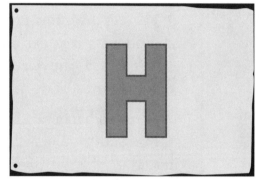

La bandera del hospital original era roja, pero se confundía fácilmente con la bandera roja de la Confederación. En 1862, la bandera del hospital fue rediseñada como una bandera grande y amarilla. Luego la hicieron más distintiva al agregarle una "H" verde en su centro. bandera amarilla más pequeña con un verde se usaba para marcar el camino más hacia el hospital.

La bandera del hospital.

Carpas de hospitales detrás del Douglas Hospital, Washington, D.C., en mayo de 1864.

BANDERA DE FORT SUMTER DE LA UNIÓN

MATERIALES

1 Corta la funda de almohada en dos y usa un lado. Guarda el otro lado para hacer una bandera diferente.

2 Usa el diagrama provisto abajo para ayudarte a dibujar y colorear las diferentes características de la bandera. Fíjate que la configuración de las estrellas era diferente a la de hoy en día.

3 Une tu bandera a la espiga de madera o cuélgala de donde quieras de la manera que desees hacerlo.

- **funda de almohada vieja** u otro material de cualquier color claro
- **tijera**
- **pintura, pintura para telas o telas** rojas, blancas o azules
- **pincel**
- **pegamento adhesivo o de tela**
- **espiga de madera**

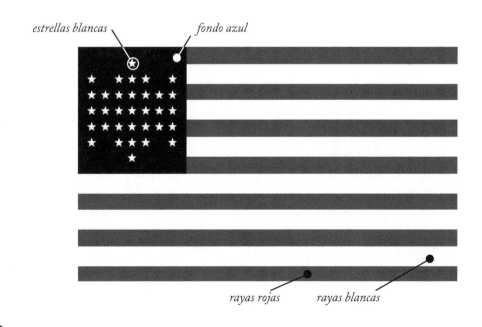

estrellas blancas   *fondo azul*

rayas rojas   *rayas blancas*

LOS BUQUES ACORAZADOS

Cuando Virginia se separó de la Unión en 1861, se llevó consigo un **recurso** importante: el astillero en Portsmouth, Virginia. Esto era valioso para la Confederación, dado que casi todos los astilleros estaban ubicados en los estados del noreste de la Unión.

PALABRAS ÚTILES

recurso: algo útil o valioso.

flota: un grupo de buques.

USS Merrimack *(1856–1861).*

También fue una pérdida seria para la Unión. El astillero de Portsmouth era donde se reparaba la mayoría de la **flota** de la Unión. Además, todo en el astillero se convirtió en propiedad del ejército de la Confederación, incluyendo al USS Merrimack, uno de los buques más grandes y poderosos de la armada de la Unión.

Los marineros de la Unión quemaron todo a su alcance antes de dejar el astillero, incluyendo al *Merrimack*. Pero el buque se hundió al fondo del río mientras se quemaba, por lo tanto solo se quemó hasta la cubierta. Los confederados dragaron al buque del río y descubrieron que todavía se podía usar. Decidieron probar algo nuevo: construir un buque cubierto de hierro para que las balas de cañones y los proyectiles rebotaran de sus costados en vez de destrozarlo en pedazos.

CSS Virginia *(1862-1862), dibujo a la aguada de Clary Ray, 1898*

Los confederados construyeron una estructura nueva arriba de la cubierta del buque con lados de madera de dos pies de ancho. Arriba de eso, pusieron dos capas de hierro de dos pulgadas de ancho (cinco centímetros). Diez cañones fueron colocados adentro del buque, sus tubos sobresalían por unas aperturas angostas de los lados cubiertos de hierro. Un soldado describió al buque "como el techo de un granero enorme escupiendo humo como una chimenea encendida."

Los confederados renombraron su buque *Virginia*. Planeaban atacar los buques de guerra de la Unión en las aguas de Norfolk, Virginia, y luego subir por el río Potomac y atacar Washington, D.C.

Al escuchar sobre el buque acorazado de la Confederación, la Unión se puso a trabajar en su propio buque acorazado. En solo cien días, la Unión construyó el **Monitor,** *un buque que cambió la cara de la guerra naval para siempre.*

El *Monitor* no se parecía a ningún buque alguna vez construido, descrito como una caja de queso sobre una balsa. Era muy lento en el agua. Pero lo que hacía que el *Monitor* fuese tan sorprendente era su **torreta** de cañones giratoria. La torreta podía girar 360 grados, de tal manera que los dos cañones adentro podían disparar hacia cualquier dirección, mientras que, los cañones del *Virginia* solo se podían disparar cuando el buque estaba frente al blanco.

PALABRAS ÚTILES

torreta: una pequeña torre para pistolas u otras armas.

USS Monitor, *publicado en Harper's Weekly el 22 de marzo de 1862.*

El 8 de marzo de 1862, el *Virginia* atacó a la flota de la Unión en las aguas de Hampton Roads, Virginia, hundiendo dos buques y matando a trescientos marineros de la Unión. Los soldados de la Unión en la costa y los cañones del buque de la Unión dispararon al *Virginia*, pero nada afectaba al gran acorazado. Un mensaje urgente fue enviado al presidente Lincoln para advertir a las ciudades del Norte en la costa. Al caer la noche, el *Virginia* se acercó a la costa sureña, resuelto a terminar con el resto de la flota al día siguiente.

John Ericsson, diseñador del *Monitor*

John Ericsson nació en Suecia en 1803 y era un inventor experto. Él inventó la **hélice**, la cual cambió la forma en que los barcos navegaban en el mar. También inventó el motor a vapor, la torreta giratoria y hasta un aparato de sondeo de aguas profundas.

John Ericsson

Ericsson se mudó a Estados Unidos para trabajar para la Marina de Estados Unidos, y en 1844 diseño el USS *Princeton*, un buque de guerra moderno impulsado por una hélice. Desafortunadamente, cuando explotaron las armas del buque en frente de los oficiales navales del gobierno, los ministros de asuntos exteriores y la armada murieron. No fue culpa de Ericcson, pero después de eso, se retiró por mucho tiempo de la armada. Lo llamaron para que regresara al servicio de la armada durante la Guerra Civil, y convenció a Abraham Lincoln que su extraño diseño para el *Monitor* sería eficaz contra el buque acorazado de la Confederación. Tenía razón, y el resto es historia.

Pero cuando el *Virginia* navegó hacia el mar abierto durante la siguiente mañana, el *Monitor* le bloqueó el paso. El *Virginia* abrió fuego contra el *Monitor*, y el fuego regresó. Los dos buques se aporrearon durante más de cuatro horas, y ninguno ganó. Luego, con su tripulación en estado de confusión después de que su capitán resultó herido, el *Monitor* se alejó. Y entonces, el *Virginia* también se alejó, asumiendo que el *Monitor* se había rendido.

Aunque ninguno de los dos buques ganó la batalla, el éxito de ambos barcos bajo el fuego de tantas balas de cañón de inmediato hicieron que todos los buques de guerra de madera quedaran **obsoletos**. Desde ese momento, los mares fueron dominados por los buques acorazados.

PALABRAS ÚTILES

hélice: una espiga con aletas que gira con un motor para mover un avión o buque.

obsoleto: que ya no se hace o usa más.

CONOCE LA JERGA DE LA GUERRA CIVIL

andamio superior—primera clase, el mejor.

BUQUE ACORAZADO: EL *MONITOR* O EL *VIRGINIA*

LA BASE DEL BUQUE ACORAZADO

1 Corta el cartón de leche por la mitad, a lo largo. Esto será el fondo del buque. Toma la otra mitad del cartón y corta sus lados, dejando la parte plana como una cubierta que cubrirá todo el espacio abierto del casco.

2 Engrapa el pico del cartón y pega cinta de embalar sobre las grapas así esta sellado firmemente.

3 Para que tu buque se asiente bien abajo en el agua, como los originales *Monitor* y *Virginia*, necesitarás poner las palomitas de maíz sin reventar, los fríjoles secos o la arena dentro del cartón de leche como lastre antes de que selles la cubierta con el casco.

4 Pega la cubierta sobre el casco y luego cubre el caso con cinta de embalar. Este es tu revestimiento de "hierro."

5 La base de tu buque acorazado está terminado ¡y ahora estás listo para convertirlo en el *Monitor* o el *Virginia*!

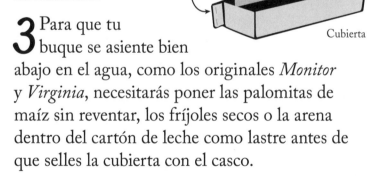

Casco

Engrapa aquí

Cubierta

MATERIALES

PARA CADA BUQUE:
- **cartón de leche,** dos litros o medio galón
- **tijera**
- **grapadora**
- **cinta de embalar**
- **1-3 tazas de palomitas de maíz sin reventar,** frijoles secos o arena (para el lastre)
- **papel de aluminio**

PARA EL *MONITOR*:
- **2 latas de atún vacías** o latas de comida de gato, una un poco más grande que la otra

PARA EL *VIRGINIA*:
- **Otro cartón de leche**
- **Un tubo de papel higiénico vacío**

CONTINÚA EN LA SIGUIENTE PÁGINA. . .

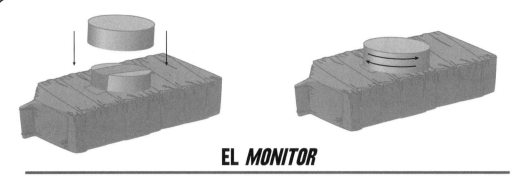

EL *MONITOR*

1 Pega la lata más pequeña en la cubierta con la parte abierta hacia abajo. Esto servirá como base para la torreta giratoria del Monitor. Luego coloca la lata más grande sobre la más pequeña, así puede girar sobre ella.

2 Cubre la lata más grande con cinta de embalar, pero asegúrate que la lata igual puede girar. Si la lata de arriba es mucho más grande que la de abajo, puedes meter papel de aluminio arrugado alrededor de la lata más pequeña. Esto le permitirá a la torreta girar sobre la lata inferior pero igual estará cómodamente calzada.

HECHOS Y CURIOSIDADES DE LA GUERRA CIVIL

★ Tanto el *Virginia* como el *Monitor* fueron destruidos dentro del año siguiente a su batalla histórica. La armada confederada destruyó el *Virginia* cuando la Unión tomó el control de Norfolk, Virginia, en mayo de 1862. El *Monitor* estaba siendo remolcado de Virginia a Carolina del Norte para ayudar a la armada de la Unión cuando quedó atrapado en una tormenta y se hundió.

★ John Ericsson diseñó todo aspecto del *Monitor*, incluyendo los primeros inodoros con cadena en un buque.

★ Los cañones en el *Monitor* disparaban balas de cañones de hierro sólido que pesaban 180 lb cada una (82 kg).

★ Tanto el Norte como el Sur construyeron varios buques acorazados más en el transcurso de la guerra, incluyendo el buque confederado *Manassas*, el cual se asemejaba a un huevo gigante con un cañón sobresaliente.

EL *VIRGINIA*

1 Corta ambas puntas del segundo cartón de leche, luego corta a lo largo de un lado. Tendrás cuatro paneles largos con los que trabajar. Corta dos de los paneles largos y ponlos a un lado. Los necesitarás después.

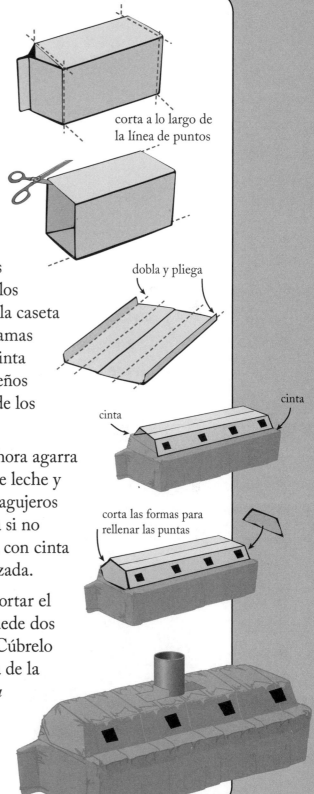

corta a lo largo de la línea de puntos

2 El otro panel de dos lados será el "techo" de la caseta que contiene los poderosos cañones del *Virginia*. Pliega los lados de los paneles de afuera para que la caseta se sienta firme sobre el casco (ver diagramas a la derecha). Antes de pegarlo con la cinta al casco, corta cuatro rectángulos pequeños de cada lado, donde estarán las portas de los cañones del *Virginia*.

dobla y pliega

3 Pega la caseta al casco con cinta. Ahora agarra los paneles que quedan del cartón de leche y corta dos pedazos que entran sobre los agujeros delante y atrás de la caseta. No importa si no entran justo. Reviste la caseta completa con cinta de embalar para que aparente ser acorazada.

cinta

cinta

corta las formas para rellenar las puntas

4 Finalmente, crea una chimenea al cortar el tubo de papel higiénico para que quede dos pulgadas de largo (cinco centímetros). Cúbrelo con papel de aluminio. Pega esto arriba de la caseta. Ahora pon el *Monitor* y *Virginia* adentro de la tina de baño y revive la batalla de los acorazados.

EL REFUGIO PROVISIONAL

Los soldados en los ejércitos de la Unión y la Confederación pasaron semanas, a veces meses, en el campo, marchando de un lugar a otro. Un soldado llevaba consigo una pequeña carpa como parte de sus provisiones. En el ejército confederado, la mayoría de los soldados bajo el rango de oficial del estado mayor ni tenían carpas. Pero aquellos que sí tenían descubrieron lo difícil que era cargar con una carpa de un lugar a otro, y cuan rápido se desarmaba la lona y necesitaba reparación.

Todo soldado aprendió cómo construir un refugio provisional simple. En general troncos caídos o ramas grandes de los árboles se encontraban disponibles, y cuando se les ordenaba a los soldados que armen el campamento, salían disparados para crear un refugio provisional.

Oficiales de la infantería número ciento catorce de Pensilvania jugando cartas frente a sus carpas, Petersburg, Virginia, agosto de 1864.

Carpas de perros

Fotografías viejas de los campamentos de la Guerra Civil a menudo muestran ciudades hechas de carpas, donde la tierra está cubierta de carpas en forma de A en filas que se extienden hasta donde alcanza la vista. Mientras esto era común para el ejército de la Unión, no lo era para la Confederación. La mayoría de los soldados confederados tenían suerte si tan solo tenían una mitad de un refugio que podían juntar con la de otro soldado para hacer lo que se conocía como "carpas de perros," que eran dos mitades de un refugio abotonadas juntas. Otros apodos para las carpas de perros eran caseta para perros, carpa de piquete y carpa de cachorro.

Los soldados quitaban dos ramas fuertes, entre tres y cuatro pies de largas (alrededor de un metro), y las hundían en la tierra. Otro tronco o rama pesada se ataba a la parte de arriba de las ramas. Cuando unas ramas más se apoyaban contra la rama de arriba, los soldados tenían la base para su refugio. Podían estirar una manta sobre el refugio para hacer un techo. Si no querían usar su manta extra, o no tenían una, usaban musgo, hojas, maleza, helecho o lo que tuvieran disponible.

CONOCE LA JERGA DE LA GUERRA CIVIL

como pez en el agua—muy cómodo o acogedor.

∾ HECHOS Y CURIOSIDADES DE LA GUERRA CIVIL ∾

★ Los soldados que acampaban sabían que debían hacer sus refugios o armar sus carpas al menos cincuenta yardas de cualquier masa de agua, como un río o un lago. El agua evaporada hacía que el aire estuviera aun más frío.

★ Una de las pocas veces que un soldado confederado vivió en una carpa fue cuando fue al campo de entrenamiento por primera vez.

★ En 1861, el ejército de Estados Unidos definió el término "vivaquear" como "pasar la noche sin refugio," excepto lo que se podía construir con las plantas y ramas.

REFUGIO PROVISIONAL

1 Hunde las dos ramas con la Y en sus puntas adentro de la tierra. Será más fácil si encuentras una parte del césped que es suficientemente blando. Asegúrate de pedirles permiso a tus padres para construir el refugio provisional en el patio.

2 Ahora agarra una de las ramas más largas y colócala arriba de las secciones con forma de Y. Aunque parezca un calce ajustado, usa un poco de la cuerda pesada o el hilo de cometa para asegurar la rama en su lugar en cada punta.

MATERIALES

- **2 ramas fuertes** entre tres a cuatro pies de largo (como un metro), con una Y en la punta de cada una
- **6 ramas** entre cuatro a cinco pies de largo (uno a un metro y medio)
- **cuerda pesada** o hilo de cometa
- **manta vieja** o toalla grande

3 Ahora agarra las ramas que quedan y colócalas contra la rama de arriba en un ángulo. Cuidadosamente empuja las puntas en la tierra. Esto ayudará a que las ramas no se caigan o se vuelen con el viento. Ten en cuenta que cuanto más largas sean las ramas, ¡más lugar tendrás en tu refugio provisional! Estira la manta o toalla sobre las ramas.

4 Siéntate adentro de tu refugio personal e intenta imaginar cómo era la vida para los soldados de la Guerra Civil. También es divertido pasar la noche en tu refugio.

VARIACIONES DEL REFUGIO PERSONAL AL AIRE LIBRE

Si no tienes acceso a un patio lleno de ramas, puedes usar cualquier tipo de palo o mástil, como una escoba o la manija del rastrillo, los bastones de esquí o las estacas de jardín. Puedes construir tu propio refugio provisional contra una pared de un edificio. Si decides hacer esto, puede que quieras otros palos estabilizantes para mantenerlo armado. Si quieres construir tu refugio provisional adentro, hazlo en contra de una cama, sofá u otro objeto que tiene buena altura. En ambos casos, usa la cuerda u otro material para estabilizar el refugio así no se te derrumba encima.

Refugios de todo tipo

La mayoría de los soldados de la Unión se les daba mitades de un refugio, que eran pedazos de lona con botones. Se podían abotonar dos mitades de un refugio para así tener una carpa completa. A veces, tres a cuatro soldados abotonaban sus mitades de refugios para crear una carpa más grande.

Las carpas en forma de A, también conocidas como carpas de cuña, también fueron usadas durante el primer año de la Guerra Civil. Estas eran pesadas y voluminosas y tenían que ser cargadas en vagones. Las carpas con forma de A se dejaron de hacer a principios de la guerra porque eran muy poco prácticas para usar en el campo.

La mayoría de las peleas paraban durante los meses de invierno. Los soldados construían cabañas de alrededor de cinco pies de altura (dos metros) y usaban sus carpas como techos. Construían chimeneas en una punta de la cabaña de madera, usando ramas y ladrillos, con un barril como chimenea.

LOS BUQUES DE VAPOR Y HOSPITALES

En 1807, Robert Fulton diseñó el primer **buque de vapor** en funcionamiento. Por primera vez, la gente podía subir y bajar los ríos de Estados Unidos con poder motorizado, en vez de tener que depender del músculo humano, la **corriente** o el viento. Los buques de vapor se volvieron la manera más rápida para transportar gente y provisiones por los ríos de Estados Unidos.

Cuando comenzó la Guerra Civil, el control de los ríos del país se volvió más importante que nunca. Los ejércitos de la Confederación y la Unión tenían **flotillas** de barcos que usaban como **barracones** flotantes, buques de provisiones y barcos de armas. Uno de esos buques flotantes de provisiones era el *Red Rover*.

PALABRAS ÚTILES

buque de vapor: un barco con una rueda a pedales impulsada por un motor a vapor.

corriente: agua constantemente fluyendo hacia una dirección.

flotilla: un grupo o una flota de barcos.

barracón: alojamiento para los soldados.

El buque de vapor confederado *Red Rover* estaba en el río Mississippi cerca de St. Louis cuando fue capturado por un barco de armas de la Unión. Los confederados intentaron hundir el *Red Rover* para que estuviera fuera de servicio, pero la Unión pudo salvar y repararlo.

*Aunque la Unión necesitaba más barcos de armas para patrullar el río Mississippi, decidió convertir al **Red Rover** en un hospital flotante.*

Transportar soldados heridos en un buque no era nada nuevo para ninguno de los ejércitos, pero en general era una experiencia terrible para los soldados que ya se encontraban mal. Los buques eran ruidosos, sucios y casi nunca tenían los materiales o el personal necesario para tratar a enfermedades o heridas. Los barcos de transporte en general buscaban a los soldados heridos en el puerto más cercano a la batalla y los dejaban en el hospital amistoso más cercano.

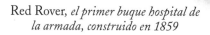

CONOCE LA JERGA DE LA GUERRA CIVIL

serrucha huesos—un cirujano.

Red Rover, *el primer buque hospital de la armada, construido en 1859*

Contrabandos hacia la libertad

Para muchos esclavos fugitivos del Sur, la mejor oportunidad para la libertad era subirse a un buque de la Unión como el *Red Rover* mientras subía o bajaba el río Mississippi. El contrabando es el comercio ilegal, lo cual consiste en mover algo de un lugar a otro cuando está prohibido por ley. Estos esclavos fugitivos se denominaban "contrabando." Muchos barcos los contrataban para que trabajaran como mozos de cabinas, carpinteros, albañiles, cocineros, camareros, miembros de la tripulación y enfermeros. Trabajar en el *Red Rover* tenía muchas ventajas, incluyendo la paga. Los registros del buque indican que varias camareras recibían $20 al mes por su trabajo. En comparación, el pago mínimo para los hombres de la infantería en el ejército de la Unión solo era $13 al mes.

PALABRAS ÚTILES

innovación: una idea o invención nueva.

calado: la profundidad de un barco en el agua necesaria para que flote.

El *Red Rover* fue remodelado con **innovaciones** nunca antes vistas en un buque, todo diseñado para ayudar a los enfermos y heridos. Tenía cuartos separados para cirugías y amputaciones, y las ventanas estaban cubiertas con gasa para mantener las cenizas y el humo de las chimeneas lejos de los pacientes.

Los cuartos al fondo del buque tenían paredes abiertas para permitir mejor circulación del aire. Los pacientes que tenían enfermedades contagiosas, como sarampión o tifus, estaban en estos cuartos traseros, así como en varias barcazas flotantes separadas que estaban adjuntas a la parte trasera del buque. Esto ayudaba a prevenir que las enfermedades contagiosas infectaran a toda la gente abordo.

El *Red Rover* también llevaba suficientes provisiones médicas y alimenticias para los doscientos pacientes y toda la tripulación para hasta tres meses. Todo lo que necesitaba el personal del hospital se encontraba a bordo del buque.

Buque de provisiones médicas, el Planter, *en el muelle General Hospital en el río Appomattox.*

Buques de vapor

Una de las razones por las cuales fueron exitosos los buques de vapor durante el siglo XIX fue que eran perfectos para viajar en ríos. La mayoría tenían un **calado** de menos de seis o siete pies (dos metros), lo cual significaba que podían subir y bajar los ríos anchos y poco profundos del Oeste de Estados Unidos mucho mejor que cualquier otro barco de casco profundo. Sin embargo, el problema que tenían era que sus cascos planos eran muy difíciles de maniobrar si había mal tiempo o el agua estaba picada, ya que manejar un buque de vapor se parecía mucho a lo que sería manejar una gran caja.

La reputación del *Red Rover* como hospital con alojamiento cómodo y un personal médico solidario creció velozmente. De hecho, el comandante de la flota Charles Henry Davis tuvo que emitir una orden limitando la cantidad de pacientes enviados al buque —parecía ser que todo soldado enfermo o herido quería recibir atención en el *Red Rover*.

*Además de ser el primer hospital flotante completo, la tripulación del **Red Rover** tuvo a las primeras mujeres que trabajaron en las fuerzas armadas americanas, así como las primeras afroamericanas contratadas por cualquiera de los dos lados.*

Cirujano asistente interino George Hopkins del USS Red Rover.

Las obligaciones del hospital en el *Red Rover* se terminaron después de la Batalla de Vicksburg en 1863, cuando la Unión tomó control de la mayoría de los ríos. Durante el resto de la guerra, el *Red Rover* nuevamente se utilizó para transportar provisiones.

∿ HECHOS Y CURIOSIDADES DE LA GUERRA CIVIL ∿

★ Las mujeres que trabajaron como enfermeras en el *Red Rover* las aclaman por ser las primeras mujeres que sirvieron a bordo de un buque naval. En la mayoría de los informes, las monjas que sirvieron en el *Red Rover* son reconocidas como las primeras enfermeras navales de Estados Unidos, aunque los registros del buque muestran que mujeres esclavas fugitivas fueron contratadas luego de ser bienvenidas a bordo, convirtiéndolas en las primeras empleadas navales pagas.

★ Desde el final de la Guerra Civil a 1908, las mujeres tenían prohibido servir en la armada.

★ La mayoría de la tripulación del *Red Rover* era afroamericana. En un momento dado, había dos veces más marineros y tripulación negros que blancos.

BUQUE DE VAPOR

1 Corta el cartón de leche por el medio a lo largo. Engrapa el pico y cúbrelo con cinta de embalar —si no es a prueba de agua, tu buque se hundirá. Esto servirá como el casco de tu buque. Usa cualquier color de cinta de embalar para tapar los gráficos del cartón. Guarda el resto del cartón para usar como otras piezas más adelante.

2 Agarra el cartón de leche pequeño y corta los costados de su pico. Cubre los lados restantes con cinta de embalar para crear una caja rectangular. Esto será la casa piloto. Si la quieres decorar para que se vea antigua como el buque de vapor *Red Rover*, cubre la casa piloto con papel blanco y dibuja o corta unas ventanas. Pega esto con cinta en el piso del casco.

3 Decora los tubos de papel higiénico para que se vean como pequeñas chimeneas con blanco abajo y un borde negro arriba. Pega los tubos en cada lado de la casa piloto.

4 Para hacer la rueda, pega un palito de helado a cada lado del casco, asegurándote de que la mitad de cada palito sobresalga más allá de la parte trasera del buque.

MATERIALES

- **cartón de leche,** medio galón o dos litros
- **tijera**
- **grapadora**
- **cinta de embalar**
- **cartón de leche,** un cuarto o un litro
- **papel blanco y negro**
- **2 tubos de papel higiénico**
- **marcadores o pintura**
- **2 palitos de helado o manualidades**
- **corcho**
- **cuchillo Xacto**
- **1 banda elástica**
- **palomitas de maíz sin reventar, frijoles secos o arena** para el lastre

5 Pídele ayuda a un adulto para hacer este paso. Agarra el corcho y usa el cuchillo Xacto para cortar cuatro rajas a lo largo del corcho, equidistantes.

6 Corta dos paletas para la rueda de lo que queda del cartón de leche. Las paletas necesitan tener el mismo largo que el corcho y deben ser los suficientemente anchas para agarrar agua. Asegúrate que no sean tan anchas de que peguen contra la parte trasera de tu buque cuando le agregas la rueda a los palitos.

7 Desliza las paletas en las dos rajas puestas en el corcho. Desliza la banda elástica firmemente dentro de las otras rajas, como puedes ver en el dibujo, y luego estira la banda elástica alrededor de la parte de afuera de los palitos de helado.

8 Con la otra mitad del cartón de leche, corta dos semicírculos del mismo largo que los palitos de helado. Decora el lado sin gráficos con el nombre de tu buque. Pégalos sobre los palitos de helado con la parte plana cara a cara con el agua. Asegúrate que todavía puedes girar la rueda de corcho y que puede moverse libremente.

9 Coloca tu buque en el agua, dale cuerda a tu rueda y déjala ir. Puedes encontrar que es más fácil maniobrar el buque si tiene algo más de peso, o lastre, en el fondo del casco.

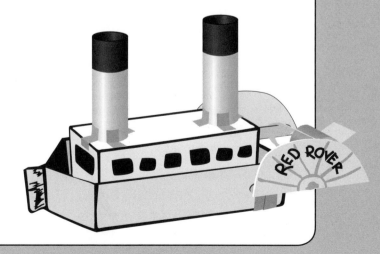

EN EL CAMPO DE BATALLA
LOS PERISCOPIOS

na de las innovaciones más grandes de la Guerra Civil fue el cambio en cómo se hacía la guerra. Las armas en las guerras pasadas habían sido tan imprecisas y lentas para recargar que la mayoría de las batallas se daban a poca distancia.

CONOCE LA JERGA DE LA GUERRA CIVIL

. . . .

comadreja—un compañero.

. . . .

piquete—un guardia o servicio de guardia.

Los ejércitos marchaban el uno hacia el otro en formación, y entonces cada uno preparaba dos líneas de combatientes. La primera línea se arrodillaba para disparar y la segunda permanecía parada y disparaba por encima de la primera.

Los soldados descubrieron que las armas habían cambiado durante la Guerra Civil. La pistola ametralladora Gatling disparaba 250 balas por minuto de seis cañones. Los rifles de repetición, los cañones de retrocarga y otras armas no solo eran más precisas, sino que disparaban más lejos y eran más fáciles y rápidas para recargar.

Estas armas eran tan diferentes de lo que se venía usando que, durante los cuatro años que duró la Guerra Civil, toda la teoría de cómo pelear una guerra cambió.

Al comenzar la guerra, los soldados se amontonaban juntos e iban a la carga contra el enemigo, listos para un combate cercano, mano a mano. Las batallas terminaban rápidamente con victorias contundentes. Ulysses S. Grant dijo de las guerras de antes: "Un hombre podía dispararte todo el día sin que te enteraras." Ahora, los soldados encontraban que cargar

Las primeras carretas de la Unión entrando a Petersburg.

contra el enemigo cuya arma podía recargarse rápidamente y disparar a media milla significaba que los hombres morían y caían heridos en cantidades espantosas.

Más adelante en la guerra, los ejércitos de la Unión y Confederación quedaban atascados en batallas que podían durar meses. Los ejércitos cavaban trincheras y permanecían en ellas. No peleaban activamente tan a menudo. Estas eran peleas sitiadas —esperando a que se rinda el enemigo. La sitiada de Petersburg, Virginia, tardó diez meses. Muchos soldados, en especial los del Sur que defendían la ciudad, cavaron y luego vivieron en las trincheras.

Los sistemas de trincheras y soldados en las trincheras, Petersburg, Virginia, 1865.

PALABRAS ÚTILES

periscopio: un tubo con espejos para observar objetos o personas que están fuera de vista.

baja: alguien muerto o herido en la batalla.

El estilo de pelea requería nuevas maneras de hacerle un seguimiento del enemigo. Los soldados necesitaban ver qué estaban haciendo sus enemigos mientras permanecían en las trincheras, sin tener que levantarse y arriesgar recibir un disparo. La mejor herramienta para esto era el **periscopio**.

Thomas Doughty, un oficial de la armada de la Unión, es reconocido por inventar el periscopio para su buque de armas, el USS *Osage*. Los artilleros en el buque no podían ver las riberas altas del río Red de Louisiana desde las mirillas del buque, entonces Doughty usó su periscopio para ver por encima de la torreta y apuntar sus armas.

El periscopio rápidamente se volvió una herramienta útil para los soldados en las trincheras. Los ayudaba a ver qué estaba ocurriendo fuera de las trincheras, sin ser heridos en el proceso.

∽ HECHOS Y CURIOSIDADES DE LA GUERRA CIVIL ∽

★ Durante la sitiada de Petersburg, los soldados cavaron trincheras con una profundidad de tres pies y seis a ocho pies de ancho (un metro de profundidad y dos a tres metros de ancho). Enfrente de estas trincheras habían pequeñas zanjas para los rifles, que eran lo suficientemente grandes para dos fusileros. Las trincheras a veces eran tan grandes que entraban las carretas.

★ Durante batallas largas o peleas sitiadas, los soldados dormían en pequeños refugios construidos de tierra y sacos de arena, o en cuevas cavadas en las trincheras. Estos refugios en general eran muy pequeños e incómodos, pero eran a prueba de balas y protegían a los soldados durante la noche.

★ El frente de trincheras cavado durante la sitiada de Petersburg tenía un largo de cincuenta y tres millas (ochenta y cinco kilómetros). Para cuando terminó la sitiada, habían habido 61.000 **bajas** de la Unión y 38.000 de la Confederación.

PERISCOPIO

1 Pídele a un adulto que te ayude a cortar la
parte de arriba de uno de los cartones
de leche, para quitarle el pico. Corta
un agujero cerca de la parte debajo
de un lado del cartón de leche
(ver ilustración). Asegúrate de
dejar ¼ de pulgada de cartón
alrededor del agujero (un
poquito más de ½ cm).

MATERIALES

- **dos cartones de un cuarto de leche o jugo** (un litro)
- **cuchillo Xacto**
- **regla**
- **bolígrafo**
- **2 pequeños espejos de mano** (los mejores son los planos, tamaño bolsillo)

2 Pon el cartón de leche sobre
un costado, con el agujero
hacia ti. En la parte que tienes
frente a ti, mide 2¾ pulgadas
desde la parte de abajo del
cartón (7 cm) y dibuja una línea
diagonal desde el rincón de
abajo más cercano a ti hasta la
línea que dibujaste.

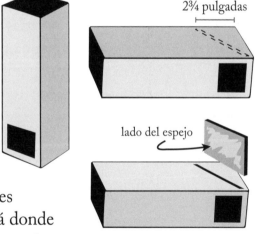

2¾ pulgadas

lado del espejo

3 Pídele a un adulto ayuda con
el cuchillo Xacto. Corta una
raja sobre esa línea, pero no lo cortes
hasta el borde del cartón. Aquí será donde
colocarás tu espejo, y es mejor si el espejo
cabe justo en la raja.

4 Encaja el espejo en la raja asegurándote que el espejo haga
frente con el agujero en el cartón. Sostenlo arriba y mira al
espejo a través del agujero. Deberías poder ver la parte de arriba del
cartón de leche. Si no la puedes ver, ajusta el espejo para que tengas
una vista clara de la parte de arriba del cartón. Pega ligeramente el
espejo en su lugar.

   CONTINÚA EN LA SIGUIENTE PÁGINA. . .

5 Repite los pasos 1-4 con el otro cartón de leche.

6 Pon un cartón sobre la mesa, con el agujero frente a ti. Pon el otro cartón boca abajo sobre la mesa, con el espejo en la parte de arriba y el agujero en dirección contraria a ti.

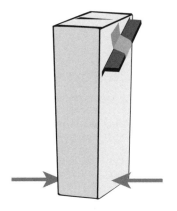

7 Pon el cartón con el agujero hacia el otro lado arriba del que tiene el agujero frente a ti. Deberías poder apretar el cartón de arriba apenas para que quepa adentro del de abajo. Pega estos dos con cinta.

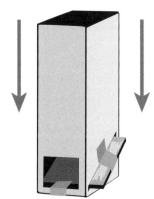

8 Mira por el agujero de abajo. Deberías poder ver la parte de arriba del cartón de leche, que estará a un pie más alto de tu campo visual regular. Imagina que estás en una trinchera con balas que pasan zumbando por encima de tu cabeza. Asomar un periscopio sería mucho más seguro que asomar tu cabeza. Intenta mirar a la vuelta o sobre la parte de atrás de un sofá con tu periscopio.

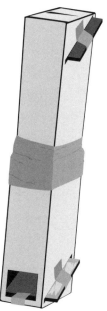

CONOCE LA JERGA DE LA GUERRA CIVIL

. . . .

a prueba de bombas—un refugio debajo de la tierra. También un oficial o soldado que nunca peleó en batallas.

. . . .

avispón—bala.

EN EL CAMPO DE BATALLA
LA COMIDA DE LOS SOLDADOS

Durante la guerra, a cada soldado se le daba la misma cantidad de comida cada semana o mes, llamada raciones. Estas raciones incluían galletas, carne de res o cerdo deshidratada o salada, café, frutas y verduras secas. También recibían harina o harina de maíz, así como azúcar, frijoles, té, sal y papas.

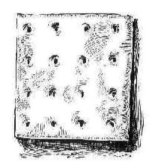

Galletas, también conocidas como chapa de hierro.

Era comida simple, sin ciertos nutrientes necesarios, como la vitamina C. Esto resultó en una enfermedad llamada escorbuto, que podía llevar a la muerte. Cantineros viajaban a los campamentos del ejército

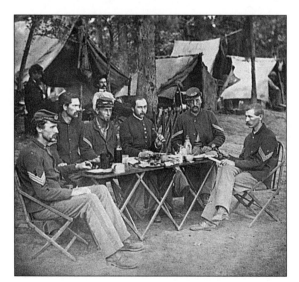

Oficiales comiendo afuera.

para vender los alimentos que no se les proveía a los soldados a través de las raciones, como leche o verduras frescas. Esta comida a menudo era demasiada cara para los soldados, entonces resolvían con lo que tenían. Algunos soldados escribían a sus casas pidiendo que les enviaran cierta comida o bebida, pero esto solo funcionaba si el soldado iba a estar en el campamento por un período de tiempo largo.

CONOCE LA JERGA DE LA GUERRA CIVIL

víveres—comida o raciones.

panera—estómago.

agarra una raíz—comer una papa para la cena.

lío—cocinar y comer juntos.

compañeros de líos—soldados que cocinaban y comían juntos.

Las raciones de comidas no estaban cocinadas; los soldados se tenían que preparar sus propias comidas. Esto significaba que tenían que prender un fuego y encontrar agua si no se les brindaba, lo cual a menudo era difícil.

Los ejércitos de la Confederación y la Unión tenían departamentos de comisariato para organizar la distribución de la comida. El departamento de comisariato era responsable de la compra de la comida, la transportación de esta a las tropas y de evitar que la comida se pudra en el camino. A veces una manada de vacas se movilizaba con el ejército para proveer carne fresca. Pero la mayoría de las veces, la carne era ahumada o salada para que no se pudra, y las frutas y vegetales se secaban.

La galleta se mantenía bien hasta mojarse, y ahí el moho y los insectos la llamaban casa. Los soldados echaban la galleta en una taza de café caliente para matar a los insectos. Cuando estos flotaban hacia arriba, los sacaban de la superficie, y así quedaban con café y pan suavizado.

Depósito del comisariato con vagones de tren de provisiones, Cedar Level, Virginia.

Los soldados del Norte y Sur sufrieron la escasez de comida. A menudo marchaban a nuevas ubicaciones más rápido que los vagones con sus provisiones. En muchos casos, los ejércitos simplemente no podían suministrar suficiente comida para todos los hombres peleando. Los soldados de ambos lados tenían que **forrajear** comida en el campo, tomando ganado y cosechas. Esto muchas veces significaba robarle a los **civiles**. Se volvió un problema tan grande que se prohibió forrajear y a los soldados que capturaban los llevaban presos.

PALABRAS ÚTILES

forrajear: buscar comida o provisiones y vivir de la tierra.

civil: una persona que no es un soldado.

desnutrición: mal alimentado o sin recibir suficiente alimentación.

⮌ HECHOS Y CURIOSIDADES DE LA GUERRA CIVIL ⮎

★ Uno de los platos más populares entre los soldados (cuando lo podían conseguir) eran los frijoles al estilo inglés. Era tan popular que se escribieron tres canciones sobre los frijoles al estilo inglés durante la guerra. Se dice que Robert E. Lee dijo lo siguiente sobre sus tropas: "Lo único que necesitaba hacer para mantenerlos felices era darles frijoles tres veces al día."

★ El café era considerado la comida más importante para los ejércitos del Norte, mientras que el tabaco era atesorado por los ejércitos del Sur. Rara vez, los soldados de la Unión y la Confederación se encontraban en la línea de piquete para intercambiar estos artículos entre ellos.

★ Antes de que comenzara la Guerra Civil, una familia del sur gastaba entre seis a siete dólares por mes en comida. Esto incluía los básicos, así como cualquier cosa que ellos mismos no podían crecer. Sin embargo, para 1864, las provisiones le costaban a esa misma familia cuatrocientos dólares por mes. La escasez y el costo de la comida causó la **desnutrición** de muchas familias.

★ Si los soldados tenían suerte, recibían carne, vegetales y leche condensada en latas selladas al vacío o frascos. Estos procesos de empaquetamiento acababan de ser inventados y permitían que la comida se mantuviera "fresca" durante períodos largos de tiempo.

VÍVERES DE SOLDADOS

GALLETA DE LA UNIÓN

1 Precalienta el horno a 350 grados Fahrenheit (177 grados centígrados). Mezcla todos los ingredientes juntos. Asegúrate de que agregas suficiente harina para que la masa no esté pegajosa, pero ten cuidado de que no quede demasiado seca. Amasa la masa unas veces. Es más fácil extender la masa directamente sobre una bandeja de horno sin engrasar. Hornea durante unos 30 minutos.

2 Quita la bandeja del horno y corta el gran cuadrado en cuadrados más pequeños de tres pulgadas por tres pulgadas (7½ por 7½ cm). Pincha 16 agujeritos simétricamente espaciados en cada cuadrado. Dalo vuelta, regrésalo al horno y hornéalo durante otros 30 minutos. Apaga el horno y deja que la galleta se enfríe en el horno con la puerta cerrada. Deja que se enfríe por completo ¡y luego disfrútala!

PASTEL JOHNNY DE LA CONFEDERACIÓN

1 Precalienta el horno a 350 grados Fahrenheit (177 grados centígrados). Mezcla todos los ingredientes hasta que la masa esté bastante dura. Haz unos ocho panecillos y colócalos sobre una bandeja de horno ligeramente engrasada.

2 Hornea durante unos 20 minutos o hasta que estén ligeramente dorados. Deja que se enfríen. Ponles mantequilla o melaza, o prueba uno sin nada como los confederados.

MATERIALES

- **2 tazas de harina** (260 gramos)
- **½ a ¾ taza de agua** (120 a 180 ml)
- **sal** (5 a 6 pizcas)
- **tazón y cuchara**
- **rodillo**
- **bandeja de horno**
- **cuchillo**

MATERIALES

- **2 tazas de harina de maíz** (260 g)
- **⅔ taza de leche** (158 ml)
- **2 cucharadas de aceite vegetal** (30 g)
- **2 cucharaditas de bicarbonato de sodio** (10 g)
- **½ cucharadita de sal** (2½ g)
- **tazón y cuchara**
- **bandeja de horno**
- **mantequilla y melaza**

EN EL CAMPO DE BATALLA
LOS TELÉGRAFOS Y EL CÓDIGO MORSE

Samuel Morse

Muchos historiadores consideran que la Guerra Civil fue la primera guerra moderna. Esto es por sus innovaciones en las armas y las tácticas de pelea, así como los adelantos en la comunicación. Samuel Morse era un inventor de Nueva York y pintor exitoso. En 1844, perfeccionó la manera de enviar mensajes codificados de un lugar a otro usando pulsos eléctricos enviados a través de cables, creando así el primer telégrafo confiable.

Equipos construyendo líneas de telégrafos, abril 1864.

Morse también inventó un código para enviar a través de los cables. Conocido como el código Morse, utiliza una serie de puntos y rayas para crear palabras. Los operadores de los telégrafos traducían estos puntos y rayas a palabras en inglés.

Telégrafo.

El Congreso le dio a Samuel Morse $30.000 para crear un sistema de telégrafos que fuera de Washington, D.C. a Baltimore, Maryland. La manera más rápida y fácil de construirlo era colgar los cables en árboles y postes de Baltimore a Washington. Así fue cómo los postes y los cables se volvieron parte del paisaje americano.

Carreta para la batería del telégrafo.

El primer mensaje electrónico que viajó por estos cables fue enviado el 24 de mayo de 1844. Morse transmitió las palabras "lo que Dios ha forjado" de la oficina de la Corte Suprema en Washington, D.C., a una estación de tren en Baltimore, Maryland. El telégrafo cambiaría la comunicación para siempre. Para 1861, las líneas de telégrafo iban de costa a costa.

La mejor manera para aprender el código Morse es memorizar los sonidos que hacen cada letra. Los puntos suenan "dit." Las rayas suenan "da." Las letras "S.O.S.," que en inglés significan "salven nuestro buque," suenan así: "dit dit dit, da da da, dit dit dit."

¿Quiénes fueron ellos?

Alrededor de dos mil personas fueron contratadas como telegrafistas en el año previo al comienzo de la Guerra Civil. La mayoría eran hombres, pero hasta doscientas mujeres también trabajaron como telegrafistas. Una de las primeras telegrafistas fue Sarah G. Bagley, reconocida por ser **activista** por los derechos de la mujer y editora de un diario. Ella ayudó a que la telegrafía fuese la primera carrera técnica abierta a las mujeres.

El telégrafo se volvió importante para la comunicación durante la guerra, y los telegrafistas militares eran vitales para comunicar información militar importante. Estos trabajadores eran hombres y mujeres. A pesar de su contribución importante al esfuerzo de la guerra, las condiciones de vida y trabajo para los telegrafistas militares eran miserables. No recibían sueldo ni **pensión**, como se les otorgaba a los soldados regulares, y a menudo se los colocaba en zonas extremadamente peligrosas sin protección adecuada. Muchos de ellos murieron de enfermedades o heridas durante la guerra.

PALABRAS ÚTILES

activista: una persona que lucha por lo que cree.

pensión: un pago regular del gobierno después de terminar el servicio.

Estación de telégrafo en el campo en Virginia.

CONOCE LA JERGA DE LA GUERRA CIVIL

parlotear—hablar.

línea de piquete—la línea entre los soldados de la Confederación y la Unión en el campo de batalla.

Transmitir mensajes vía el telégrafo se volvió un método de comunicación estándar.

El telégrafo también tuvo un gran impacto en cómo se peleó y ganó la Guerra Civil. En la Guerra de la Revolución de 1812, los ejércitos dependían de mensajes que se entregaban a pie o a caballo. Como resultado, los cambios en la estrategia de batalla eran muy lentos. En la Guerra Civil, ambos lados usaban equipos de telégrafos para transmitir información de un lugar a otro en cuestión de minutos. Por primera vez, los ejércitos se podían comunicar entre sí rápidamente a larga distancia. Esto significaba que podían tomar decisiones importantes en cuanto al campo de batalla de inmediato.

⌁ HECHOS Y CURIOSIDADES DE LA GUERRA CIVIL ⌁

★ El telégrafo era una herramienta importante de comunicación en el campo de batalla, pero también era una herramienta importante para los espías. Ambos lados interceptaban mensajes de telégrafo para descubrir el plan de batalla del otro.

★ Más de 15.000 millas de cables de telégrafo fueron colgados para el uso de los ejércitos de la Confederación y la Unión durante la Guerra Civil.

★ El servicio de telégrafo no formaba parte ni del ejército de la Unión ni el de la Confederación, y los telegrafistas eran civiles. Más de trescientos telegrafistas murieron durante la Guerra Civil, y sus familias no recibieron pensión alguna ni ningún otro tipo de apoyo del gobierno.

★ El presidente Lincoln no tenía acceso inmediato a cables de telégrafo, ya que no pasaban directamente por la Casa Blanca. Tenía que cruzar la calle a una oficina de telégrafo para revisar los mensajes.

Los globos de la Guerra Civil

¿Sabías que los ejércitos de la Unión y la Confederación realizaban **reconocimientos** aéreos? Intentaban espiar a los ejércitos del otro desde el aire. ¿Cómo lo hacían? ¡En un globo!

El aeronauta más famoso de la Guerra Civil fue Thaddeus Lowe. Lowe descubrió que los globos aerostáticos eran los vehículos perfectos para espiar a los confederados. Convenció al presidente Lincoln a que estableciera un cuerpo de globos y construyó el primer globo de la Unión, llamado La Unión. Este globo subía mil pies (trescientos metros) de altura sobre Washington, D.C., aun amarrado al piso. Lowe espiaba a las tropas confederadas a más de tres millas de distancia (cinco kilómetros), y mandaba la información por telégrafo a las tropas en la tierra. Las tropas de la Unión pudieron dispararle a los confederados sin ni siquiera ver dónde estaban desde la tierra. Esta fue una misión tan exitosa que a Lowe se le otorgó el dinero para que construyera seis globos más para el cuerpo de globos.

PALABRAS ÚTILES

reconocimiento: observación militar para localizar a un enemigo.

El ejército de la Confederación también tenía un pequeño cuerpo de globos, liderado por el capitán John Bryan. Los confederados construyeron dos globos. Uno se usó durante un año en los cielos de Richmond antes de que se les escapara con un viento fuerte y fuera capturado por la Unión. El otro ni siquiera llegó al cielo.

Los globos le brindaron a los ejércitos de la Unión y Confederación información del uno y el otro que no hubieran podido recibir de otra manera. Pero resultó ser que el reconocimiento con globos era demasiado arriesgado y caro. El cuerpo de globos de la Unión se desintegró en 1863.

Thaddeus Lowe observando la batalla desde su globo el Intrepid, Fair Oaks, Virginia.

TELÉGRAFO

1 Para hacer la tecla, agarra uno de los pedazos de madera y atornilla una punta de una de las tiras de metal de 4 pulgadas. Atornilla otro tornillo de madera directamente en la madera en la otra punta del bloque así la tira doblada (ver ilustración) hace una conexión con el tornillo si lo empujas hacia abajo. Este será la tecla de tu telégrafo. La tecla no debe tocar el tornillo a menos que la empujes hacia abajo.

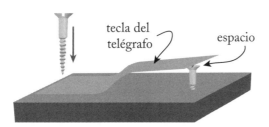

tecla del telégrafo

espacio

2 Para hacer el portador de pilas, mide el largo de las dos pilas puestas lado a lado, y marca el largo en el segundo pedazo de madera. Atornilla dos de las tiras de metal de 4 pulgadas a la madera en cualquiera de los lados de la marca así la tira tocará las conexiones en las puntas de las pilas.

Mide esta distancia

Trázala en la madera

MATERIALES

- **2 pedazos de madera,** cada uno de 4 a 6 pulgadas de largo y 2 a 3 pulgadas de ancho (10-15 cm de largo y 5-7½ cm de ancho)
- **9 pequeños tornillos o clavos para madera**
- **un destornillador y martillo**
- **3 tiras planas** de metal de la ferretería, unas 4 pulgadas de largo (10 cm). NOTA: la tira de metal debe contener hierro o ser "férrea" (metal que es atraído por un imán)
- **1 tira plana de metal** unas 7 pulgadas de largo (18 cm)
- **regla**
- **2 pilas C o 2 pilas D**
- **banda elástica grande**
- **2 clavos grandes de hierro** 2–3 pulgadas de largo (5–7½ cm)
- **20 pies o más de cable aislado sólido** (6 metros) alrededor de $\frac{1}{64}$ pulgada o menos de diámetro (0,4 mm) de la ferretería
- **cortador de alambres**

3 Coloca las pilas en el portador y pon la banda elástica alrededor de la tira de metal para mantenerla contra los contactos de las pilas.

4 Para construir el resonador, martilla uno de los clavos de hierro largo en el pedazo de madera con el portador de pilas. Adjunta una punta del alambre aislado al tornillo más cercano del portador de pilas. Enrolla el alambre unas cien veces alrededor del clavo y adjunta la otra punta del alambre al tornillo debajo de la tecla del telégrafo en el otro pedazo de madera.

5 Agarra la tira de metal de 7 pulgadas y atorníllala al pedazo de madera de manera que la puedas doblar hacia arriba sobre el clavo largo que tiene enrollado el alambre aislado. Cuando la pila está conectada, la corriente eléctrica pasará por el alambre transformando al clavo en un electroimán. Jalará el pedazo de metal doblado hacia él, haciendo un sonido de clic. Asegúrate que el metal esté doblado lo suficientemente cerca del clavo para que se conecte con la pila cuando esta esté conectada.

6 Agarra el segundo clavo y martíllalo justo al lado de la tira de metal, cerca del clavo con el alambre enrollado, así la tira de metal está metida justo debajo de la cabeza del clavo. Este clavo asegurará que la tira de metal no sea jalada demasiado lejos por el electroimán. También hace un sonido de clic cuando la tira de metal es liberada por el imán y se mueve hacia arriba.

Meter tira de metal debajo de cabeza de clavo

Banda elástica

Segundo clavo

espacio

CONTINÚA EN LA SIGUIENTE PÁGINA. . .

7 Corta otro pequeño pedazo de alambre y adjúntalo al otro tornillo que sostiene la tecla. Toma la otra punta del alambre y adjúntala al tornillo para agarrar el otro lado del portador de pilas en la madera.

8 Cuando empujas la tecla del telégrafo hacia abajo para que toque el tornillo, completas el circuito. Esto permite que la electricidad fluya desde las pilas a través del rollo del resonador. Mientras la tira de metal golpea al clavo en el medio del rollo, hace un sonido de clic. Cuando sueltas la tecla, corta el circuito y la tira de metal golpea al otro clavo, haciendo un sonido de clic diferente. Estos dos sonidos representan y forman a los puntos y las rayas del código Morse.

9 Usando la siguiente tabla de código Morse, intenta pulsar tu propio mensaje de la Guerra Civil en el telégrafo.

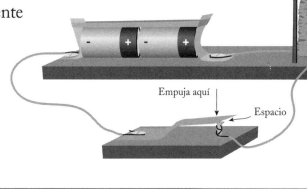

Sonido desde aquí

Empuja aquí

Espacio

CÓDIGO MORSE				
A .-	J .---	S ...	**NÚMEROS**	8 ---..
B --...	K -.-	T -	0 -----	9 ----.
C -.-.	L .-..	U ..-	1 .----	
D -..	M --	V ...-	2 ..---	**PUNTO**
E .	N -.	W .--	3 ...--	.-.-.-
F ..-.	O ---	X -..-	4 ....-	
G --.	P .--.	Y -.--	5	**COMA**
H	Q --.-	Z --..	6 -....	--..--
I ..	R .-.		7 --...	**PREGUNTA**
				..--..

LAS BANDERAS SEÑALIZADORAS

Además de comunicarse con telégrafos, ambos ejércitos en la Guerra Civil se comunicaban con banderas señalizadoras con un sistema llamado el *wig-wag*. Este sistema señalizador fue desarrollado en la década de los 1850 por un médico del ejército llamado Albert Meyer.

El sistema *wig-wag* fue diseñado para que los soldados se comuniquen con señales visuales a través de largas distancias, hasta unas millas de lejos. Los soldados usaban una de tres banderas: una bandera blanca con un cuadrado rojo, una bandera roja con un cuadrado blanco o una bandera negra con un cuadrado blanco. Si el soldado estaba señalando desde un cerro o el mar, una bandera roja era más visible. Desde una zona boscosa, una bandera blanca se vería mejor, y si estaba nevado, una bandera negra era la más visible. Durante la noche, los hombres señalizadores reemplazaban sus banderas con antorchas.

Estación señalizadora en el río Ogeechee en Fort McAllister, Georgia.

Señalar con el sistema *wig-wag* podía ser un trabajo muy peligroso. Los señalizadores tenían que estar posicionados a una buena altura para que las señales se vean a lo lejos. En general, la estación señalizadora se encontraba en el punto más alto y cercano a la zona de guerra. Cuando no habían cerros o lugares naturalmente altos, las tropas construían torres para las estaciones señalizadoras. Esto hacía que los miembros del cuerpo señalizador sean blanco especialmente visibles para el enemigo.

Cuerpo señalizador, Estación señalizadora central, Washington, D.C.

Las estrellas de la bandera señalizadora

Mientras la mayoría de las banderas señalizadoras tenían un cuadrado en su centro, algunos oficiales del cuerpo señalizador se les otorgaba una bandera señalizadora con una estrella roja en su centro. Estas eran banderas especiales que se les concedía a oficiales que habían hecho un gran trabajo en combate. Las puntas de la estrella a veces llevaban los nombres de las batallas específicas en las que la unidad de cuerpo señalizador había sido más eficaz en la batalla.

EL CÓDIGO *WIG-WAG*

Cada letra del alfabeto *wig-wag* estaba representada por una cierta posición o movimiento de la bandera. Los mensajes se deletreaban de acuerdo a un código de letras y números. Cada letra del alfabeto estaba representada por una combinación de números, y los números correspondían al movimiento de la bandera.

Un movimiento hacia la izquierda del centro significaba un "1," y un movimiento hacia la derecha del centro significaba un "2." La letra A, por ejemplo, era "11," lo cual se hacía con dos movimientos de la izquierda al centro. Bajar la bandera hacia delante una o más veces señalaba el final de una palabra, oración o mensaje.

Las unidades de cuerpos señalizadores de la Confederación y la Unión eran expertos en enviar mensajes a través del sistema *wig-wag*. Cada lado desarrolló su propio código *wig-wag* para que el otro no pudiera entender los mensajes transmitidos. Los cuerpos señalizadores de la Unión y la Confederación invirtieron mucho tiempo y energía en crear nuevos códigos e intentar descifrar los códigos de los otros.

Torre señalizadora sobre el campo de batalla Antietam, Elk Mountain, Maryland.

∿ HECHOS Y CURIOSIDADES DE LA GUERRA CIVIL ∿

★ En el ejército de la Unión, solo se les confiaba el código señalizador a los oficiales. Ellos le decían las combinaciones de números a los sargentos del cuerpo señalizador, quienes eran los que movían las banderas. Muchos sargentos se aprendieron el código a través del uso continuo. Por otro lado, los confederados le enseñaron el código a todo el personal dentro del cuerpo señalizador.

★ Los confederados usaron el sistema señalizador *wig-wag* por primera vez en combate durante la primera batalla de Bull Run. Un señalizador sobre una colina vio el brillo de las bayonetas e hizo señas a sus soldados compañeros: "Cuidado a la izquierda; están volteados." Sus señales ayudaron a que la Confederación ganara la batalla.

El cuerpo señalizador de la Guerra Civil

Aquí tienes las señales de la bandera que usaban los cuerpos señalizadores durante la Guerra Civil.

Listo

1

2

3

4

5

Aquí está el alfabeto usando estas señales con números.

A	B	C	D	E	F	G	H	I	J	K	L	M
11	1423	234	111	23	1114	1142	231	2	2231	1434	114	2314

N	O	P	Q	R	S	T	U	V	W	X	Y	Z
22	14	2343	2342	142	143	1	223	2311	2234	1431	222	1111

5—el final de una palabra.

55—el final de una oración.

555—el final de un mensaje.

EN EL CAMPO DE BATALLA
LOS UNIFORMES

Los uniformes de la Guerra Civil eran igual de variados que las personas que los usaban. Cuando la Guerra Civil comenzó en 1861, nadie esperaba que durara más de unos meses. El ejército de la Unión solo tenía 16.000 soldados, y la Confederación ni siquiera tenía un ejército al principio. Como ni el Norte ni el Sur estaban preparados para la guerra, el tema de los uniformes surgió casi al instante. Los pósters de reclutamiento del Sur aclaraban que los hombres que se alistaban "debían traer su propia ropa." Pero proveerles uniformes a los soldados era un problema para ambos lados.

PALABRAS ÚTILES

estandarizar: todo igual.

milicia: gente con entrenamiento militar que se los llama solo durante una emergencia.

Uno de los retos más grandes para ambos ejércitos era rápidamente vestir a sus tropas con uniformes **estandarizados**. Esto era necesario para que cada lado pudiera distinguirse del enemigo. La mayoría de los soldados usaban su ropa de todos los días. Pero algunos hombres que se alistaron a pelear usaban los uniformes de la **milicia** de su estado, o de guerras pasadas.

CONOCE LA JERGA DE LA GUERRA CIVIL

espaldas grises—soldados sureños.

tripas de pollo—el trenzado dorado del puño de un oficial.

Las milicias del Sur tenían uniformes azules que eran casi idénticos a las chaquetas azules del ejército de la Unión, y algunas milicias del Norte tenían uniformes que no se parecían en nada a la ropa estándar de la Unión. Entonces, poco después de comenzar la guerra, ambos ejércitos impusieron reglas sobre lo que sus soldados debían usar.

El uniforme oficial del ejército del Sur era una chaqueta corta y pantalones hechos de una cosa llamada "jean." Este era una mezcla resistente de algodón y lana, teñida de gris o marrón. El uniforme estándar del ejército de la Unión era un traje de lana azul hecho de lana regenerada. Los soldados de la infantería tenían chaquetas largas, mientras que los de la caballería usaban chaquetas cortas. Al principio de la guerra, los pantalones del uniforme eran de un color azul oscuro, pero más adelante el uniforme reglamentario era una chaqueta de color azul oscuro y pantalones de color azul claro. El gorro o quepis era el gorro estándar para todos los hombres alistados en el ejército de la Unión y la mayoría del ejército de la Confederación. Era cilíndrica con una visera plana.

Los colores de los diferentes cuerpos

Una manera de distinguir las diferentes divisiones en el campo de batalla era por el color de los adornos de sus uniformes. Los soldados de la Unión y la Confederación usaban el mismo código de colores. La caballería usaba adornos amarillos en sus uniformes, los dragones usaban naranja, los fusileros montados a caballo usaban verde esmeralda, la infantería usaba un azul "francés" claro y la artillería usaba rojo. El personal médico usaba adornos negros en sus uniformes, mientras que los generales, el personal y los ingenieros oficiales usaban adornos beige. Los oficiales usaban una raya cocida a lo largo de la pierna de sus pantalones, y la raya era el color de su división.

Zouave

Zouave viene de una palabra argelina, y las originales unidades Zouave eran peleadores originarios de Algeria y el Norte de África que se unieron a la legión extranjera francesa. Se conocían por su estilo de pelea feroz, uniformes llamativos y valentía increíble. El interés en los peleadores Zouave se despertó en Estados Unidos por un hombre llamado Elmer Ephraim Ellsworth. Él descubrió a los peleadores Zouave estando en Europa, y decidió empezar su propia milicia dedicada al entrenamiento al estilo Zouave. Su unidad Zouave estuvo de gira por el país, asombrando a los públicos con sus destrezas demostradas en los ejercicios y sus uniformes elaborados. Los Zouaves usaban pantalones sueltos y coloridos, ablusados en los tobillos, polainas blancas sobre sus zapatos, una faja ancha, una chaqueta corta sobre una camisa simple y un turbante blanco o fez. La gira despertó a la "fiebre Zouave" en la década de los 1850. Cuando estalló la guerra, las unidades Zouave pelearon en ambos ejércitos, aunque algunos soldados se cambiaron a uniformes tradicionales cuando se dieron cuenta que sus ropas coloridas los hacían un blanco más visible.

La banda de la infantería número ciento catorce de Pensilvania (Zouaves), Estación Brandy, Virginia.

Cada soldado también recibía un cinturón que traía una caja de cartuchos, una bayoneta y una funda —o portador— para su rifle. Los soldados cargaban con una cantimplora y una mochila de lona, una manta enrollada con la mitad de un refugio, una manta de lana y a veces una manta de goma o poncho.

Los soldados sureños casi nunca tenían tanto equipo como los del Norte, en general porque habían tantas faltas de provisiones en el Sur. Al ejército de la Unión le resultaba más fácil equipar a sus tropas, ya que la mayoría de las fábricas estaban en el Norte y podían conseguir material de buena calidad de Europa.

Hasta el ejército de la Unión les resultó difícil hacerles llegar los uniformes a sus soldados dada la cantidad de tiempo que llevaba fabricarlos. Toda la ropa hasta la década de 1860 estaba **hecha a medida** y un solo uniforme podía requerir hasta catorce horas para terminarlo.

El ejército de la Unión resolvió algunos de sus problemas con los uniformes creando ropa **producida en masa** en solo algunos tamaños: chico, mediano y grande. A la mayoría de los soldados les quedaba bastante bien alguno de estos tamaños estándares y los demás se tenían que adaptar. Esta fue la primera vez que mucha ropa se hizo para que le entrara a mucha gente bastante bien, en vez de hacer menos ropa que le entrara perfectamente a cada persona. Se convirtió en la manera estándar de fabricar ropa en todo el mundo después de la guerra.

PALABRAS ÚTILES

hecho a medida: hecho para que le quede exactamente bien a una persona.

producir en masa: hacer grandes cantidades de cosas en fábricas.

Oficiales de la tercera artillería pesada de Pensilvania en sus uniformes, Fort Monroe, Virginia.

HECHOS Y CURIOSIDADES DE LA GUERRA CIVIL

★ Los soldados de la Unión apodaron a los confederados "nogales" porque la tintura que usaban para hacer los uniformes del Sur venían de verdaderos nogales. El color a menudo era desigual y con el tiempo se volvía un color gris canela.

★ La lana regenerada, llamada "shoddy" en inglés, que se usaba para hacer los uniformes de la Unión era de una calidad pobre. Se deshacía tan rápidamente que la palabra shoddy en inglés rápidamente comenzó a significar "de mala calidad" o "mal hecho."

QUEPIS

1 Corta cuatro tiras de la cartulina de 8 pulgadas de largo por 2 de ancho (20 por 5 cm). Estas serán la base de tu gorro.

2 Engrapa tres de las cuatro tiras de cartulinas a lo largo. Envuelve tu cabeza con esta tira. Si es demasiado pequeña, agrega otra tira de cartulina y mídela otra vez. Engrapa las puntas de esta tira larga de manera que el anillo te quede bien en la cabeza, y corta lo que sobre de la cartulina.

3 Corta una hoja de fieltro por el medio, a lo largo. Esto te dejará dos pedazos de fieltro de 4¼ por 11 pulgadas cada uno (10½ por 27½ cm). Adhiere o engrapa una de las tiras de fieltro al anillo de cartulina. El borde largo del fieltro debería estar alineado con el borde bajo de la cartulina. Haz lo mismo con la segunda tira de fieltro, así tienes un círculo completo de fieltro. Puedes cortar otro pedazo de fieltro por la mitad y utilizar una de estas tiras extra si la necesitas.

4 La parte de arriba del quepis es más grande que la parte que rodea la cabeza. Haz un circulo de la cartulina de 5 pulgadas en diámetro (13 cm). Haz un círculo de fieltro una pulgada más grande que el círculo de cartulina, y pega ambos círculos juntos.

MATERIALES

- **cinta métrica**
- **tijera**
- **cartulina** o una vieja carpeta de archivo
- **fieltro negro o gris,** si está disponible que tenga un lado adhesivo, hojas de 8½ por 11 pulgadas (21 por 27½ cm)
- **pegamento en barra**
- **destapacañería dorada o negra** o cinta

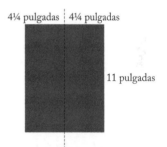

4¼ pulgadas | 4¼ pulgadas

11 pulgadas

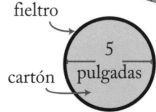

fieltro

5 pulgadas

cartón

CONTINÚA EN LA SIGUIENTE PÁGINA. . .

5 Ahora coloca los círculos encima del borde del gorro. Como la parte de arriba del gorro es más pequeña que la de abajo, asegúrate que el fieltro coincida arriba, así encaja con el círculo (ver ilustración). Engrapa o pega los costados de arriba del gorro para mantener esta forma.

6 Pon pegamento alrededor del círculo y coloca el gorro sobre el círculo. Jala las puntas del círculo alrededor del gorro así el pegamento tiene con que adherirse. El fieltro adhesivo se pegará fácilmente a los costados del fieltro de la gorra.

7 Para hacer la visera de tu gorra, mide y corta las dos formas mostradas aquí (a la derecha) en cartulina. Usa los pedazos de cartulina como patrones para cortar las formas del fieltro.

8 Pega el semicírculo de fieltro con el semicírculo de cartulina. Pega el otro pedazo de fieltro, con las lengüetas, del otro lado de la cartulina. Esto será la parte de debajo de tu visera, y lo unirá al borde de la cartulina dentro del gorro.

9 Pega el borde de fieltro de la visera en el borde de cartulina adentro del gorro. Si se te hace difícil mantenerlo unido con pegamento, engrápalo. Déjalo a un lado hasta que esté seco.

10 Finalmente, corta un pedazo de cinta o destapacañería lo suficientemente largo para dar la vuelta delante de tu gorro. Usa negro para un gorro confederado y dorado para uno de la Unión. Pega la cinta en la costura del gorro, justo arriba de la visera.

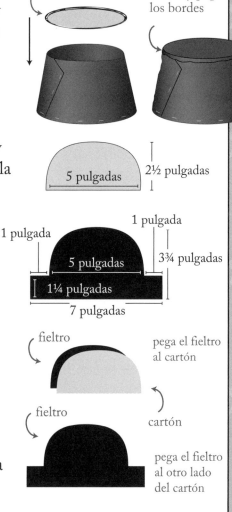

Pegamento

Dobla y pega los bordes

5 pulgadas — 2½ pulgadas

1 pulgada — 1 pulgada

5 pulgadas — 3¾ pulgadas

1¼ pulgadas

7 pulgadas

fieltro

pega el fieltro al cartón

fieltro

cartón

pega el fieltro al otro lado del cartón

FEZ DE ZOUAVE

Los Zouaves usaban fez. Son gorros duros que se posan sobre la cabeza en vez de envolverla como un quepis.

1 Corta cuatro tiras de cartón, cada una de 5 pulgadas de largo por 4 de alto (12 ½ por 10 cm).

2 Engrapa tres de las cuatro tiras de cartulina juntas, a lo largo. Envuelve esta tira alrededor de la parte de arriba de tu cabeza; las tiras de cartulina deberían formar un especie de cono. Si es demasiado pequeño, agrega otra tira de cartulina y mídelo otra vez.

3 Corta una hoja de fieltro a lo largo, por la mitad. Esto te dejará dos pedazos de fieltro de 4 ½ por 11 pulgadas. Pega los pedazos de fieltro a la parte de afuera de la cartulina, cubriéndola por completo. Luego vuélvete a probar el gorro y engrapa las puntas juntas para que el anillo de cartulina te quede bien a la cabeza.

MATERIALES

- **cinta métrica**
- **tijera**
- **cartulina** o una vieja carpeta de archivo
- **grapadora**
- **fieltro rojo o negro,** si está disponible que tenga un lado adhesivo, hojas de 8½ por 11 pulgadas (21 por 27½ cm)
- **pegamento en barra**
- **borla de hilo**

CONOCE LA JERGA DE LA GUERRA CIVIL

Zuzu—Zouaves.

ama de casa—costurero.

gorro Bummer—uniforme reglamentario o gorro quepis.

Bummer—un holgazán, un forrajero, o alguien a salvo en el fondo.

CONTINÚA EN LA SIGUIENTE PÁGINA. . .

4 La parte de arriba del fez es más pequeña que la de abajo de la parte que rodea a la cabeza. Haz un círculo en la cartulina de unas 4 pulgadas de diámetro (10 cm). Ajústalo como sea necesario para que encaje la parte de arriba de tu anillo de cartulina. Corta un círculo de fieltro media pulgada más ancho que el círculo de cartulina, y pega los dos círculos juntos.

pegamento

nudo

4 pulgadas

agujero

5 Haz un pequeño agujero en el centro del círculo y enhebra el hilo por el agujero. Haz un nudo al final del hilo adentro, así cuando la parte de arriba del gorro se pega a los costados, la borla permanecerá afuera.

6 Ahora da vuelta el gorro y encaja el círculo con el borde de arriba del fieltro. Luego ponle pegamento alrededor del borde del círculo y coloca el gorro sobre el círculo. Jala las puntas del círculo alrededor del gorro así el pegamento tiene a qué pegarse. El fieltro adhesivo se pegará con facilidad a los costados del gorro de fietro.

Haz como un Zouave

Puedes hacer un uniforme Zouave modificado al ponerte pantalones de ejercicio sueltos metidos adentro de calcetines de deporte blancos, una camiseta de manga larga de un color sólido y un chaleco. Ata un pañuelo ancho alrededor de tu cintura. Puede que te sientas como un payaso, pero muchos disfraces modernos de payasos —como los de algunos Shriner— se parecen a los uniformes que los Zouave usaron durante la Guerra Civil.

EN LA RETAGUARDIA

La duración inesperada de la guerra y el nivel de destrucción causó dificultades serias para los que se quedaron en casa. Los civiles del Norte se vieron afectados por la guerra en general a través de la falta de ciertas provisiones, y la ausencia de padres, hijos y maridos que ayudaran a manejar las granjas, los negocios y las casas. Pero la vida diaria para la gente del Sur podía ser una lucha terrible.

PALABRAS ÚTILES

guerra total:
destruyendo por completo los medios del enemigo para pelear una guerra.

La gran mayoría de las batallas se pelearon en los estados sureños. Miles de tropas se movilizaron a través de grandes regiones del Sur y los civiles del lugar les proporcionaron la comida, el refugio y las provisiones que requerían. Al pasar los años de guerra, más y más del Sur fue retomado por la Unión. La política de la Unión de "**guerra total**" significaba que muchas partes del Sur fueron gravemente dañadas, con la matanza de ganado y campos de cosechas arruinados.

El problema más grande para la gente del Sur era la falta de comida. Las tropas de la Unión **bloquearon** las ciudades para evitar que les llegara la comida y provisiones. Parte del problema era que antes de la guerra, la mayoría de la tierra del Sur se había dedicado a crecer algodón en vez de cosechas comestibles. La gente de Richmond, Virginia, sufrió por una escasez de comida tan grave que en la primavera de 1863, las mujeres armaron **motines**, los cuales se conocen hoy como los Richmond Bread Riots.

PALABRAS ÚTILES

bloqueo: bloquear un lugar o una zona.

motín: protestar contra algo de manera violenta.

Otra gran escasez en los estados de la Confederación era la de tela. Aunque los estados sureños producían la mayoría del algodón usado para hacer ropa en Estados Unidos antes de la guerra, las fábricas de ropa estaban en los estados de la Unión. Muchas mujeres sureñas aprendieron a coser, tejer e hilar por primera vez, ya que las familias ricas siempre habían dependido de los esclavos para este tipo de trabajo. Los vestidos "sencillos," hechos de algodón hilado y cosidos a mano, se volvieron la norma.

Zona quemada de Richmond, Virginia.

En todo el país, la guerra le permitió a las mujeres asumir papeles fuera de los suyos tradicionales como madres, hijas y esposas. Las mujeres apoyaron los esfuerzos de la guerra de muchas maneras. Participaban en las sociedades de asistencia a las mujeres, eran enfermeras, actuaban como espías y algunas hasta se disfrazaban de hombres y se volvían soldados. Muchas mujeres asumieron los papeles de los hombres en sus casas, incluyendo la supervisión de las plantaciones y las granjas, y el manejo de los negocios.

A pesar de las dificultades abrumantes de la vida durante la guerra, las personas igual la pasaban bien, hacían fiestas y bailes, y vivían su día a día de la mejor manera posible. Los espectáculos en vivo más populares durante la Guerra Civil eran los conciertos de grupos musicales y los circos ambulantes. Los niños aprendían con muñecas y juguetes de madera, y jugaban un juego nuevo que se hizo increíblemente popular a través del Norte y el Sur: el béisbol.

Cuando la guerra terminó oficialmente en 1865 y los estados sureños se reincorporaron a la Unión, la vida en Estados Unidos había cambiado para siempre. Los esclavos que nunca habían conocido la independencia pudieron comenzar sus vidas de nuevo como personas libres. Los sureños reconstruyeron sus casa, vidas y tierras, sin el beneficio del trabajo de esclavos. Los norteños tuvieron que adaptarse a una economía de la posguerra y la **afluencia** de miles de hombres que volvían a una fuerza laboral que no estaba preparada para recibirlos.

Las familias se tuvieron que adaptar a estar nuevamente con hombres que habían atravesado momentos terribles.

Fuera de la ciudad de Atlanta, Georgia.

LA TINTA DE BAYAS Y EL PAPEL CASERO

Había una escasez de recursos de todo tipo —comida, combustible y zapatos— a medida que la Guerra Civil se extendía, en especial en el Sur. La gente más afectada eran los pobres del Sur. Muchos artículos del hogar básicos que previamente se fabricaban en el Norte y se enviaban al Sur ya no estaban disponibles. Hasta las cosas simples como escribir una carta requería algo de creatividad.

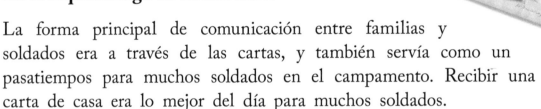

La forma principal de comunicación entre familias y soldados era a través de las cartas, y también servía como un pasatiempos para muchos soldados en el campamento. Recibir una carta de casa era lo mejor del día para muchos soldados.

Los soldados tenían que comprar su propio papel, bolígrafos y estampillas para escribir y mandar cartas. Más adelante en la guerra, organizaciones como la Comisión Cristiana de Estados Unidos y la Comisión Sanitaria de Estados Unidos les brindaban papel y sobres gratis a los soldados.

En 1864, el correo central de Estados Unidos anunció que los soldados de la Unión podían enviar sus cartas a casa gratis si escribían "carta de soldado" en el exterior del sobre. Los confederados no pudieron ofrecer ese servicio, y la falta de papel, estampillas y hasta algo con qué escribir se volvió mucho peor con la extensión interminable de la guerra.

Pero las personas no dejaron que la escasez de materiales les impidiera estar en contacto con sus amigos y familiares. Crearon tinta del jugo de bayas. Al quedarse sin papel, usaban los pedazos de papel que estaban a su alcance.

Una multitud afuera de la oficina central de la Comisión Cristiana de Estados Unidos, Richmond, Virginia.

∽ HECHOS Y CURIOSIDADES DE LA GUERRA CIVIL ∽

★ Como el reparto de correo no se llevaba a cabo regularmente, los soldados a menudo mandaban seis o más cartas a la vez. Numeraban cada carta para que sus familiares la leyeran en el orden que fueron escritas.

★ Cuando comenzó la Guerra Civil, la Confederación tuvo que crear su propio sistema postal y rutas de entrega. La mayoría del correo de aquel tiempo se transportaba en buques de vapor por los ríos, y luego distribuido por tierra en carruajes o jinetes a caballo.

★ Después del 1 de junio de 1861, las estampillas confederadas ya no estaban disponibles, por ende los carteros a menudo escribían "PAGADO," o el franqueo debido, en el sobre. Para las cartas que pesaban menos de media onza y se enviaban a una distancia menor a 500 millas, el franqueo era cinco centavos. Las cartas que pesaban más de media onza o que iban a más de 500 millas de distancia costaban diez centavos.

PAPEL HECHO A MANO

Aquí tienes una gran forma de construir tu propio papel para escribir usando material reciclado.

1 Remoja suficientes pedazos de papel que igualen a varias hojas en agua tibia durante por lo menos 30 minutos o por la noche.

2 Pídele ayuda a un adulto para doblar la percha de metal para construir un marco cuadrado. Cubre tu percha con las medias de nylon y engrápalas en su lugar para hacer una pantalla.

3 Llena la batidora por la mitad con agua caliente, luego agrega un manojo de papel remojado. Asegúrate que la tapa esté bien puesta y bate a velocidad media hasta que ya no veas pedazos de papel. La pasta de papel tendrá una consistencia espesa como sopa. Haz varias tandas. Puedes agregar trozos de cartulina para darle color.

4 Vierte la mezcla en una olla grande y llénala con suficiente agua tibia hasta que cubra la mezcla. Revuelve bien hasta que los ingredientes estén bien esparcidos. Puedes agregar pedazos cortos de hilo, flores secas o hierbas para darle textura.

5 Mete tu marco en la olla, dejando que un poco de la pasta de papel se asiente sobre la pantalla. Mantén al marco bajo el agua y muévelo suavemente para conseguir una capa uniforme de fibras sobre la pantalla.

MATERIALES

- **pedazos de papel** como toalla de papel, cartulinas y papel higiénico roto en pedazos de 1 por 1 pulgada (2½ por 2½ cm)
- **2 tinas u ollas grandes,** con una más grande que el marco que utilices para hacer el papel
- **agua**
- **percha de metal** para hacer el marco
- **medias de nylon viejas**
- **grapadora**
- **batidora**
- **pedazos de cartulina de color, hilo de color o flores o hierbas secas** (opcional)
- **esponja**
- **repasadores, fieltro o diarios** como secante
- **rodillo**
- **colador**
- **plancha**

6 Levanta el marco de la mezcla manteniéndolo plano. Deja que se escurra sobre la olla hasta que se le haya colado la mayoría del agua. Deberías tener una capa uniforme de la mezcla de papel sobre la pantalla. Aprieta la pasta de papel suavemente con tu mano para sacarle el exceso de agua. Absorbe lo que queda de agua debajo de la pantalla con una esponja.

7 Coloca repasadores limpios, fieltro o diarios sobre una superficie plana y da vuelta la pantalla, con el papel hacia abajo, sobre la tela. Suavemente levanta la pantalla, dejando atrás al papel. Esto se llama "acolchar."

8 Cubre el papel con otro repasador o pedazo de fieltro y escurre lo que quede de agua con un rodillo. Haz la cantidad de hojas que quieras, luego colócalas en otra parte para que se sequen. Quizá quieras dejar que se seque el papel durante la noche.

9 Cuando termines de hacer el papel, recoge lo que queda de pasta de papel en un colador y tíralo, o congélalo en una bolsa de plástico para usarlo más adelante. Nunca viertas la pasta de papel por el sumidero porque te tapará los caños.

10 Cuando el papel este casi seco, puedes usar una plancha con el calentador a medias para secarlo por completo. ¡Pídele ayuda a un adulto con la plancha! Cuando el papel este seco, jala suavemente al repasador de ambos lados, estirándolo para soltar el papel de la tela. Con cuidado separa el papel.

LAS COLCHAS DE LA GUERRA CIVIL

Aunque la mayoría de las mujeres no estaban peleando en el campo de batalla durante la Guerra Civil, jugaron un papel importante en apoyar a las tropas y manejar las cosas en casa. Mientras los hombres partían a pelear, las mujeres luchaban para mantener las granjas y los negocios, y para darles de comer y vestir a sus familias. Era aun más difícil para las mujeres en pequeñas granjas que dependían de la ayuda de toda la familia.

Mary Tippee, cantinera de Collis Zouaves, la infantería número ciento catorce de Pensilvania.

PALABRAS ÚTILES

recaudación de fondos: una actividad para reunir dinero para una causa.

venta benéfica: una venta de artículos para una organización benéfica.

camino subterráneo clandestino: una red de casas y refugios seguros a los que acudían los esclavos fugitivos, pasando de una a otra hacia el Norte y su libertad.

¿Cómo se ayudaban las comunidades entre sí? Durante los tiempos particularmente difíciles, las comunidades del Sur crearon colchas para **recaudar fondos**. Estas se hacían de retazos donados de telas unidas por un grupo de iglesia o un concurso de hacer colchas de la comunidad. Las colchas luego iban a las **ventas benéficas** para recaudar dinero para las familias más necesitadas.

La brigada de sombreros

Cuando estalló la guerra en 1861, las primeras sociedades Ladies' Aid (ayuda a las damas) comenzaron a aparecer por todos los estados del Norte. Las mujeres se organizaban en lo que se llamaba la brigada de sombreros para brindarles provisiones a los soldados, desde vendas y comida a ropa. Las sociedades Ladies' Aid estaban bien organizadas y llenas de voluntarias entusiastas y bien intencionadas. Sin embargo, como eran manejadas por grupos individuales de mujeres a través del Norte, sus esfuerzos no estaban muy bien coordinadas. Algunas tropas recibían demasiadas provisiones mientras que otras no recibían ninguna.

A veces las provisiones se pudrían antes de llegar a los soldados o eran inservibles. Para controlar la calidad y cantidad de provisiones que llegaban a las tropas, se formó la Comisión Sanitaria de Estados Unidos en 1862. Esta distribuía todas las provisiones al ejército de la Unión e inspeccionaba los campamentos y hospitales del Norte. Muchas mujeres se alistaban como voluntarias para formar parte de la Comisión Sanitaria.

Carretas de relevo del campo y trabajadores de la Comisión Sanitaria de Estados Unidos, Washington, D.C.

En el Norte, los abolicionistas hacían Ferias Abolicionistas. Las mujeres que apoyaban la causa en contra de la esclavitud donaban colchas y otros bordados para vender y recaudar fondos para los abolicionistas. Estas colchas a menudo tenían bordados poemas y dichos contra la esclavitud.

Uno de los patrones de colchas más comunes durante la Guerra Civil se llamaba La escalera de Jacob, o la de cuatro partes, porque estaba hecha de pequeños cuadrados cosidos juntos para parecer los escalones de una escalera. Este patrón luego se conocería como el **camino subterráneo clandestino**, por las historias que se compartieron después de la guerra sobre cómo las colchas le mostraban el camino hacia la libertad a los esclavos fugitivos por medio del camino subterráneo clandestino.

El sur tenía sus propios grupos de sociedades Ladies' Aid. Estas voluntarias se unieron en apoyo a sus esposos, hijos y hermanos en el campo de batalla.

Al principio de la guerra, lo que más necesitaba la Confederación era buques de armas. Las sociedades del sur de Ladies' Aid apoyaban a la causa confederada con mucho entusiasmo haciendo colchas con buques de guerra que vendían o sorteaban para recaudar dinero. Para el final de 1862, se había recaudado suficiente dinero para comprar tres buques de armas. Desafortunadamente, para ese momento, la armada confederada había sufrido tantas derrotas que sus puertos marítimos estaban por caer en manos de la Unión.

Las sociedades sureñas de Ladies' Aid entonces enfocaron sus capacidades en apoyar a las tropas, e invirtieron mucha de su energía suministrando ropa para vestir y de cama.

ᔕ HECHOS Y CURIOSIDADES DE LA GUERRA CIVIL ᔐ

★ Las colchas hechas para soldados durante la Guerra Civil a menudo tenían bordadas palabras inspiradoras para alentar a los soldados en el campo de batalla. Muchos soldados les escribieron a las mujeres que las hicieron, agradeciéndoles las colchas. Esto llevó a un intercambio de cartas entre soldados y mujeres solteras que en algunos casos terminaron en casamientos.

★ Las sociedades femeninas contra la esclavitud fueron fundadas por mujeres blancas y mujeres negras libres en los estados norteños muchos años antes de la Guerra Civil. Recaudaron dinero para su causa, abrieron escuelas para niños negros y pasaron **peticiones** para despertar conciencia sobre las maldades de la esclavitud.

PALABRAS ÚTILES

petición: un pedido escrito firmado por muchas personas.

PARCHE DE COLCHA DE CUATRO PARTES

Retazos de telas de 2 colores diferentes, de 2 ½ pulgadas de ancho

Color 1

Color 2

MATERIALES

- **2 telas de diferentes colores,** una clara y otra oscura, ½ yarda de cada una (alrededor de ½ metro)
- **regla** o un centímetro
- **tijera**
- **alfileres, aguja, hilo**
- **plancha**

1 Corta dos tiras de 2½ pulgadas de ancho de cada tela (6¼ cm). Coloca la tira clara sobre la oscura, con la parte más colorida de las telas cara a cara. Esto se conoce como "lados derechos juntos." Sujétalas con alfileres y luego cose la tira oscura con la clara en uno de los bordes largos, dejando ¼ de pulgada del borde de las telas a la costura (½ cm). Este es el ancho de todas las costuras de este proyecto.

2 Una vez que hayas cosido las dos tiras juntas, mide y corta diez pedazos de 2½ pulgadas de

Corta cuadrados de 2 ½ pulgadas de las tiras cosidas juntas

ancho (6¼ cm). Luego, abre cada pedazo y coloca dos pedazos uno encima del otro, con los lados derechos juntos. Cose dos pedazos juntos de manera que la tela oscura y clara estén opuestas la una de la otra, como un tablero de ajedrez. Haz cinco de estos parches de cuatro partes. Serán cuadrados de alrededor de 4½ pulgadas (11¼ cm).

haz 5 de estos

3 Corta dos cuadrados de 4⅞ pulgadas de cada tela de color, oscura y clara (12¼ cm). Corta cada cuadrado por el medio diagonalmente y cose un triángulo oscuro con uno claro para hacer un cuadrado. Al terminar, tendrás cuatro cuadrados de 4½ pulgadas (11¼ cm) hechos de triángulos oscuros y claros.

haz 4 de estos

★ ★ ★ 85 ★ ★ ★

CONTINÚA EN LA SIGUIENTE PÁGINA. . .

4 Pídele ayuda a un adulto con este paso. Si planchas tus parches, la próxima etapa será más fácil. Plancha los lados con la costura primero, así planchas la costura abierta. Luego plancha el lado derecho.

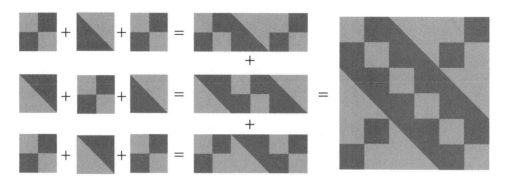

5 Alinea tus parches de cuatro partes y tus parches de triángulos en el patrón mostrado aquí arriba. Pon el parche del medio de la primera fila arriba del primer parche de esa fila, con los lados derechos juntos. Sujétalos con alfileres y cose por el lado derecho. Abre la tela y coloca el tercer parche de la primera fila arriba del segundo de esa misma fila, lados derechos juntos, y cose por el lado derecho. Haz lo mismo para las siguientes dos filas que haz puesto en el patrón. Al terminar, tendrás tres tiras de tres cuadrados cosidos juntos. Plancha todas las costuras abiertas.

6 Ahora toma la tira de arriba y colócala sobre la tira del medio, con los lados derechos juntos. Sujeta el borde de arriba con alfileres. (Ábrelo para asegurarte que haz sujetado los bordes correctos antes de coserlo). Haz una larga costura a través de todo el largo de las dos tiras. Abre la tela, y coloca la tira de cuadrados de abajo sobre la del medio, los lados derechos juntos. Sujeta los bordes debajo de las tiras con alfileres (ábrelos para revisar). Haz una costura a lo largo de estas dos tiras.

7 Abre la tela y verás que tienes una cobija de nueve parches cuadrados. Usa la plancha una vez más para planchar tu cuadrado para una buena terminación.

ALMOHADA O TAPIZ

Fácilmente puedes convertir a tu cobija cuadrada de cuatro parches en una almohada terminada o un tapiz.

1 Corta un cuadrado de la tela que mida 12½ por 12½ pulgadas (32 x 32 cm). Colócala sobre una superficie de trabajo, con el lado derecho hacia arriba. Coloca tu colcha cuadrada encima del cuadrado de tela con el lado derecho hacia abajo (así, los lados derechos están juntos). Sujétalos con alfileres alrededor de tres de sus lados, y a ¼ de cada esquina. Si alguno de los bordes no se alinea bien, puedes cortarlo un poco para que queden iguales. Cose estas costuras dejando ¼ de pulgada entre el borde de las telas y la costura (½ cm).

2 Da vuelta la funda de almohada con el lado derecho hacia fuera, así las costuras quedan adentro. Plancha, empujando el margen de la costura en el espacio abierto hacia adentro. Si estás haciendo un tapiz, cierra este espacio con una costura. Para una almohada, métele relleno de almohada a la funda y luego cose el espacio abierto.

MATERIALES

- **½ yarda de tela** (alrededor de ½ metro)
- **tijera**
- **cobija cuadrada de cuatro parches terminada**
- **alfileres, aguja, hilo**
- **plancha**
- **relleno de almohada**

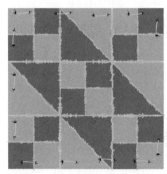

Sujeta con alfileres la parte de atrás de la colcha cuadrada con la tela de abajo

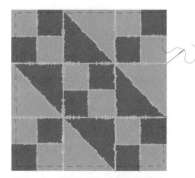

Cose la colcha cuadrada y la tela, dejando un espacio sin coser

LAS MUÑECAS DE LA GUERRA CIVIL

*D*urante la Guerra Civil, la mayoría de los niños americanos jugaban con muñecas muy simples. A menudo estaban hechas a mano por miembros de la familia, con las provisiones que tenían al alcance. Dependiendo de qué parte del país vivían, esto significaba que las muñecas estaban hechas de madera, trapos u hojas de maíz.

La muñeca más comúnmente hecha para las niñas durante mediados de los 1800 era una muñeca de trapo. Estas eran populares tanto en el Norte como en el Sur, y habían muchas maneras diferentes de hacerlas. En el Sur, las muñecas de trapo a menudo se llamaban muñecas de pañuelos o muñecas de plantación. Las muñecas de trapo se hacían de tela de algodón con relleno de algodón para sus cabezas. A veces las llamaban muñecas de iglesia, ya que el algodón suave no haría mucho ruido si se cayera sobre el piso de la iglesia durante misa.

Muñeca de trapo encontrada en el cuarto donde el general confederado Robert E. Lee se rindió al general de la Unión, Ulysses S. Grant.

Una variación de la muñeca de trapo se llamaba "bebé de azúcar." Las madres hacían una muñeca de trapo y le rellenaba la cabeza con terrones de azúcar para que sus pequeños hijos la chupen.

Otra muñeca muy común hecha por las familias durante la Guerra Civil era la muñeca de hoja de maíz. El maíz era una cosecha que crecía en muchas partes del país, y las hojas de maíz eran abundantes. Dependiendo del color de pelo que una niña quería su muñeca, le quitaría la barba del maíz a principios, mediados o fin de la temporada. El maíz a principios de la temporada tenían una barba amarilla, la de mediados era rojiza y la del final era marrón oscura.

La muñeca "Testigo silenciosa"

Una muñeca de trapo en particular tuvo un papel famoso cuando el general Robert E. Lee se rindió ante el general Ulysses S. Grant en el Tribunal de Appomattox el 9 de abril de 1865. Los dos generales se encontraron en una casa que le pertenecía a un hombre llamado Wilmer McLean, quien tenía una hija llamada Lula. Ella estaba jugando con

La casa de los McLean, Tribunal de Appomattox, Virginia.

su muñeca de trapo en el cuarto donde los dos generales se encontraron para firmar las condiciones de la entrega. Cuando Lula vio que entraron soldados a su casa, corrió afuera, dejando la muñeca atrás. La muñeca fue la "testigo silenciosa" de la entrega. Cuando Lee se fue para contarle a las tropas sobre la entrega, un soldado de la Unión (el teniente coronel Thomas W.C. Moore) levantó a la muñeca de trapo y se la llevó con él.

MUÑECA DE HOJA DE MAÍZ

1 Si estás usando hojas verdes de maíz, saltea este paso. Si estás usando hojas secas, remójalas en agua hasta que estén flexibles. Mientras se remojan las hojas, corta media docena de pedazos de hilo, alrededor de 5 pulgadas (13 cm) de largo cada uno.

2 Agarra varias hojas de maíz grandes del tazón y átalas juntas a 1 o 2 pulgadas (2 ½ a 5 cm) de una punta. Jala el largo de las hojas hacia abajo, por encima de lo que será la cabeza, como si estuvieras pelando una banana. Dale forma a la cabeza y ata un hilo alrededor de lo que será el cuello.

3 Para hacer los brazos de la muñeca, agarra tres hojas más del tazón. Átalas juntas en una punta, haz una trenza y ata esa otra punta. Corta las puntas para hacerlas uniforme. Coloca los brazos entre lo largo de las hojas y ata un pedazo de hilo alrededor de la cintura de la muñeca.

MATERIALES

- **hojas de maíz** (las hojas verdes son las mejores —si no tienes ninguna, puedes comprar las verdes y las secas en paquetes en tu tienda de manualidades local)
- **tazón grande** lleno de agua tibia
- **hilo**
- **tijera**
- **colorante para alimentos, café o té**

4 Entrecruza tiras delgadas de hoja de maíz alrededor del pecho, la cintura y el cuello de la muñeca. Mete las puntas (las puedes atar primero) adentro. Usa tiras delgadas para cubrir los hilos en las "muñecas" de la muñeca.

5 Para llenar su falda, recorta las hojas de maíz más anchas que tienes para que tengan el mismo largo. Envuelve estas hojas alredor del medio de la muñeca y átalas en su lugar. Envuelve su medio con una tira de hoja, luego recorta la parte de abajo de su falda para que esté uniforme.

6 Para el cabello, puedes pegar barba de maíz seca, o toma un pedazo de hoja de maíz grande y rectangular, dóblala y átala como un pañuelo de cabeza.

7 Es una buena idea dejar que la muñeca se seque parada o sobre una superficie plana.

Nota: Las hojas de maíz se pueden remojar en colorante de alimentos para hacer ropa o piel de color. Remoja las hojas durante 30 minutos en un tazón grande con agua tibia y varias gotas del color que desees. Para hacer marrones vibrantes, remoja las hojas en un tazón grande con café o té.

MUÑECA DE TRAPO

1 Para hacer el patrón de tu muñeca, dobla un papel por la mitad. Con un lápiz, dibuja la mitad del contorno de tu muñeca sobre el papel. De esta manera la muñeca será igual de ambos lados. Debe ser un diseño bastante simple para que sea fácil de cortar. Agrega ½ pulgada (1 cm) alrededor del contorno de tu muñeca como margen entre el borde y la costura.

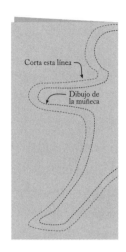

Corta esta línea

Dibujo de la muñeca

MATERIALES

- **cartulina** o cualquier otro papel de peso medio
- **lápices/bolígrafos**
- **tijera**
- **retazos de tela**
- **alfileres, hilo, aguja**
- **pintura para tela, botones, hilo** o cualquier otra cosa que quieras usar para decorar tu muñeca
- **relleno:** el relleno de fibras sintéticas funciona bien, pero puedes usar cualquier otra tela suave para rellenar

2 Corta el papel siguiendo el margen de la costura y desdobla el patrón.

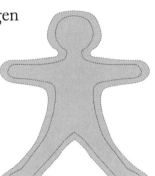

3 Coloca el patrón sobre la tela escogida y sujétalo con alfileres. Corta alrededor del patrón con cuidado. Hazlo dos veces así tienes los lados de adelante y atrás de tu muñeca.

Deja un espacio
en la costura para meter el relleno

4 Decora los lados de adelante y atrás
de tu muñeca con pintura, si así lo
deseas. Deja que se seque la pintura por
completo antes de ir al siguiente paso.

5 Sujeta los dos lados juntos con
alfileres, dejando las partes decoradas
hacia adentro, cara a cara, y cose con
cuidado, a ½ pulgada del borde de la tela.
Deja un espacio de 2 a 3 pulgadas sin
coser, donde se juntan las piernas de la
muñeca.

Meter el relleno por
el espacio de la costura

6 Da vuelta la muñeca de
adentro para afuera y
ponle el relleno. Cuando
termines de rellenarla,
cose el espacio.

7 Si quieres, puedes decorar más,
usando el hilo como cabello,
botones, marcadores, etc.

LA COMIDA DE LA GUERRA CIVIL

Antes del comienzo de la Guerra Civil, la mayoría de las personas en Estados Unidos tenían acceso a una variedad de comida. La comida que consumía la gente en la década de los 1850 y 1860 era diferente a lo que comemos hoy en día, pero muchos de los alimentos básicos son parecidos, como la harina, el azúcar y la mantequilla. Sin embargo, en cuanto estalló la guerra, la comida se volvió escasa y cara, en especial para la gente del Sur.

La Unión bloqueó los puertos confederados desde el comienzo de la guerra. Esto dificultó la llegada de comida a los estados Confederados por barco.

Harewood Hospital, en la granja de W. W. Corcoran, Washington, D.C.
Muchas granjas fueron tomadas para uso militar.

Los precios de comida en el Sur

¿Piensas que la comida es cara hoy en día? Aquí hay una lista que muestra cómo los precios de la comida subieron durante la Guerra Civil. Para ponértelo en perspectiva, el café gourmet hoy en día cuesta alrededor de $12 la libra, y la mantequilla está en alrededor de $3 la libra.

	1861	1862	1863	1864	1865
Tocineta (por libra)	13¢	75¢	$1,25–6	$8–9	$11–13
Mantequilla (por libra)	20¢	75¢–$2	$2–4	$15–25	$15–20
Café (por libra)	35¢	$1,50–4	$5–30	$12–60	$72,50
Harina (por libra)	$6,00	$16–40	$30–75	$125–500	$325–1.000

El ejército de la Unión también atacaba regularmente a los pueblos confederados, robando los recursos que encontraran. Las ciudades del Sur fueron las más afectadas por la escasez de comida, aunque las áreas rurales también sintieron la devastación, ya que las batallas peleadas en estas zonas destruían las cosechas u otras fuentes alimenticias.

Una manera en que la gente conservaba su comida, en especial las frutas y los vegetales, era secándolos. Las frutas y los vegetales secos se podían guardar sin peligro en un lugar fresco y seco durante varios meses. La mayoría de los granjeros tenían despensas subterráneas donde guardaban barriles de frutas y vegetales secos, alimentos enlatados y carnes saladas. Estas despensas en general eran simplemente cuartos que se cavaban directamente en el piso y se cubrían con una puerta. La maravilla de una despensa subterránea era que se mantenía fresca durante los meses de verano, por lo que los alimentos guardados allí no se pudrían con el clima caliente y húmedo.

CONOCE LA JERGA DE LA GUERRA CIVIL

endulzamiento largo—
melaza

goobers—cacahuetes

A veces la gente hacía "fiestas de panecillos," donde traían harina para hacer pan o panecillos para un gran grupo. En el Sur, cuando la escasez de comida se volvió severa, la gente hacía "fiestas de hambruna," donde el único refresco era el agua. Se hacían bailes y cenas para los soldados que regresaban para Navidad u otros feriados. Una actividad de fiestas preferida era jalar caramelos. La gente hacía una tanda de caramelos masticables, untaba sus manos con mantequilla y elegía un compañero. Luego jalaban los caramelos masticables hasta que estuvieran livianos y perdieran su elasticidad. La jala de caramelos era un gran evento social para las mujeres y los hombres solteros, aunque durante la guerra la mayoría de las jalas de caramelos ocurrían solo con mujeres, ya que tantos hombres estaban cumpliendo el servicio militar.

∾ HECHOS Y CURIOSIDADES DE LA GUERRA CIVIL ∾

★ El café era la bebida más escasa y valorada durante la Guerra Civil. A mucha gente se le ocurrió sustitutos interesantes para el café, incluyendo la semilla de quingombó, arroz, trigo, cacahuetes, frijoles, batatas, arvejas y bellotas. Estos se secaban y luego se remojaban en agua caliente, creando una bebida parecida al café.

★ Como el azúcar de caña y la melaza se producían mayormente en el Sur, los del Norte usaban azúcar de arce en su lugar para protestar contra el Sur.

★ Al principio de la Guerra Civil, los del Norte disfrutaban huevos revueltos, té, pan, pescado frito, palomas salvajes y ostras para el desayuno, mientras que los del Sur preferían pollo frito, pan con caviar y carne de ovino con cebollas. Mientras seguía la guerra, ambos grupos se redujeron al té o café con pan para su comida matutina —si eso siquiera estaba disponible.

★ Durante la marcha hacia el mar del general Sherman, de agosto a noviembre de 1864, sus tropas quemaron y destruyeron cientos de graneros llenos de granos y maíz recién cosechados. Las tropas también mataron al ganado. Estas tropas norteñas se las llamaban plomazos por eso, y la recuperación del Sur fue muy lenta y difícil como resultado de la destrucción de las provisiones básicas de alimentos.

CARAMELO DE MELAZA

Pídele ayuda a un adulto para hacer este proyecto.

1 En una cacerola, combina la melaza, el azúcar y el agua.

2 Cocina la mezcla sobre fuego bajo, revolviendo con frecuencia, hasta que el termómetro diga 272 grados Fahrenheit (133 grados centígrados). Una pequeña cantidad de la mezcla se quebrará si la dejas caer en agua fría.

3 Quita la cacerola del fuego y agrega la mantequilla, el bicarbonato de sodio y la sal. Revuelve justo para combinar los ingredientes. No mezclar demás.

4 Vierte la mezcla en una olla grande, poco profunda, untada con mantequilla, y deja que se enfríe lo suficiente para que la puedas tocar con las manos.

5 Unta tus manos con mantequilla y agarra el caramelo formando una bola. Jala el caramelo con tus dedos hasta que esté firme y tenga un color amarillo claro.

6 Estira el caramelo hasta formar una cuerda larga, retuércelo apenas y córtalo con la tijera en pedazos de 1 pulgada (2½ cm). Si no se come de inmediato, envuélvelos en papel manteca. Esta receta debería rendir alrededor de cuatro docenas de pedazos.

MATERIALES

- **cacerola**
- **cocina**
- **4 tazas de melaza** (950 ml)
- **1 taza de azúcar moreno** (230 g)
- **½ taza de agua** (120 ml)
- **cuchara para revolver**
- **termómetro para caramelo**
- **4 cucharadas de mantequilla** (60 g)
- **½ cucharadita de bicarbonato de sodio** (2 g)
- **⅛ cucharadita de sal** (½ g)
- **olla grande y poco profunda**
- **mantequilla extra** para la olla y las **manos**
- **tijera**
- **papel manteca**

DESHIDRATADOR DE FRUTAS

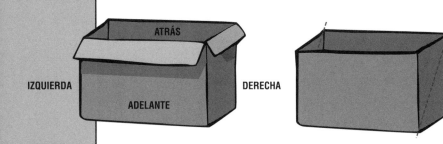

ATRÁS

IZQUIERDA

DERECHA

ADELANTE

MATERIALES

- **scissors or knife**
- **cardboard box**
- **pencil**
- **ruler**
- **cheesecloth**
- **tape**
- **aluminum foil**
- **fresh fruit** (apples, pears, grapes)
- **needle**
- **thread**
- **plastic wrap**
- **lemon juice and water** (optional)

1 Pídele ayuda a un adulto con la tijera o el cuchillo para cortar con cuidado la parte de arriba de la caja. Etiqueta los lados de la caja *izquierda*, *derecha*, *adelante* y *atrás*.

2 En los lados derecho e izquierdo de la caja, usa tu regla para dibujar una línea diagonal desde la esquina superior atrás hacia la esquina superior de adelante. Usa la tijera o cuchillo para cortar siguiendo estas líneas. Una vez que hayas cortado las líneas, corta la parte delantera de la caja. Esto te debería dejar con la mitad de una caja con una forma triangular.

3 Usa el lápiz para dibujar ventanas triangulares en los lados izquierdo y derecho de la caja. Corta estas ventanas.

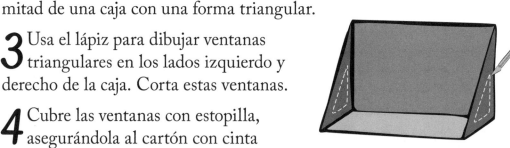

4 Cubre las ventanas con estopilla, asegurándola al cartón con cinta adhesiva.

5 Usa el papel de aluminio para cubrir las partes de atrás, abajo y los lados de adentro de tu caja. Asegúrate de no cubrir la estopilla.

Asegura la estopilla sobre las aperturas

Pega el aluminio por dentro con cinta adhesiva

6 Sujeta bien al papel de aluminio dentro de la caja con cinta adhesiva así no se cae cuando la muevas.

7 Corta tu fruta en tajadas delgadas, pero lo suficientemente gruesas como para que cuelguen de un hilo sin romperse. Usa la aguja y el hilo para enebrar los pedazos de fruta para que cuelguen con espacio entre cada pedazo.

8 Haz dos agujeros pequeños en cada lado de la caja arriba de las pantallas de estopilla. Enhebra los hilos en estos agujeros para que la fruta cuelgue dentro del deshidratador. Pon cinta adhesiva encima de los agujeros para sujetar a los hilos en su lugar, y así nada puede entrar a la caja.

9 Ahora que tu fruta está colgando, cubre la parte delantera de la caja con envoltorio de plástico y sujétalo con cinta adhesiva, dejando a la estopilla sin cubrir.

10 ¡Seca tu fruta! La mejor manera de hacer esto es colocar a la fruta al sol todos los días, durante tres a cuatro días. Éntrala de noche para que no se enfríe demasiado ni se la coma algún animal salvaje.

Nota: Quizá tengas que comenzar con una cantidad más grande de fruta de lo que pensabas. ¡Al secarse se achica! Además, si primero remojas la fruta en una mezcla de 1 taza de jugo de limón con 1 cuarto de agua, esto te ayudará a evitar que la fruta se vuelva marrón.

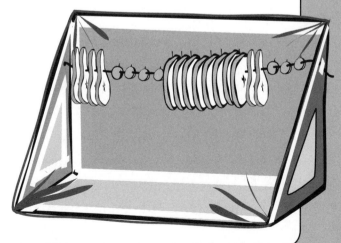

CARAMELO DURO

El caramelo duro es otra golosina que ha existido desde la Guerra Civil. Dependiendo del lugar donde vivían, las personas hacían caramelos duros de azúcar de caña, azúcar de remolacha o azúcar de arce.

1 Ata una punta del hilo alrededor del lápiz. Corta el hilo para que no toque el fondo del frasco al colocar el lápiz encima de la apertura.

2 Moja el hilo y cúbrelo con azúcar. Coloca el lápiz por encima del frasco dejando que el hilo cuelgue adentro del frasco. No permitas que el hilo se pegue a los costados del frasco.

3 Pídele a un adulto ayuda para hacer hervir el azúcar y el agua, revolviendo para que se disuelva el azúcar. Quítalo del fuego en cuanto hierva. Combina el colorante de alimentos y la esencia.

4 Vierte la mezcla en el frasco. Deja que el agua de azúcar permanezca en el frasco durante unos días en una ventana con sol. El sol ayudará a que el agua se evapore más rápidamente.

5 Deberías comenzar a ver formarse cristales en unas horas, pero déjalo solo durante tres días. Cuanto más tiempo dejes el hilo en el frasco, más grandes serán los cristales.

MATERIALES

- hilo
- lápiz
- **vaso transparente o frasco de plástico**
- **2 tazas de azúcar granulada** (460 g)
- **1 taza de agua** (240 ml)
- **cacerola**
- **cocina**
- **colorante de alimentos**
- **esencia de caramelos,** como menta, cereza o limón (opcional)

LA MODA DE LA GUERRA CIVIL

La escasez de tela y otras provisiones para vestir durante la Guerra Civil hizo que muchas mujeres, en especial las del Sur, tuvieran que cambiar su forma de vestir.

La moda en los años 1860 **resaltaba** la cintura de la mujer. La mayoría de los vestidos tenían **corpiños** ajustados con mangas anchas y grandotas para que los hombros se vean más anchos. Las faldas aros hacían que las caderas se vieran más anchas para mostrar una cintura mínima. Con los años de guerra, era cada vez más difícil conseguir tela, por lo que las faldas con aros pasaron de moda. Se necesitaba demasiada tela para cubrir esos aros.

PALABRAS ÚTILES

resaltar: algo que llama la atención.

corpiño: la parte de un vestido encima de la cintura.

La moda de la década de los 1860.

Las mujeres tenían pelo largo, pero se lo recogían, y casi nunca salían de sus casas sin un sombrero. Los sombreros en general se usaban para enmarcar la cara de una mujer más que protegerla del sol. La moda de este estilo de sombreros también cambió durante la guerra, con sombreros cada vez más pequeños con el pasar de los años, al final reemplazados por gorras pequeñas.

PALABRAS ÚTILES

descarado: comportarse con audacia, de maneras desaprobadas.

descifrar: descubrir el significado de algo.

La mayoría de las mujeres, en especial en el Sur, llevaban consigo abanicos para refrescarse durante los meses calientes y húmedos. Los abanicos también se usaban para comunicarse sin palabras. Con diferentes movimientos del abanico, una mujer podía transmitir mensajes sin hablar. Esto le permitía comunicarse sin aparentar ser demasiado **descarada**, una característica indeseable para una mujer en la época de la Guerra Civil.

El idioma del abanico

La idea de que los abanicos pueden transmitir mensajes en un especie de "idioma del abanico" ha existido desde el siglo XVIII. Hay muchos registros escritos para **descifrar** los códigos de un mensaje transmitido por medio de un abanico. Por ejemplo, se dice que si colocas al abanico cerca de tu corazón, quiere decir que amas a la persona a quien le diriges este gesto. Si te abanicas rápidamente, estás comprometida, mientras que si te abanicas lentamente, ya estás casada. Sostener tu abanico a medio abrir sobre tus labios quiere decir que te gustaría que te besen, y si abres y cierras tu abanico varias veces, quiere decir que piensas que la persona a quien le dirigiste el gesto fue cruel.

Una de las modas más populares durante la década de los 1860 era la "moda de **luto**." La reina Victoria de Inglaterra lo puso de moda. Su esposo, el príncipe Albert, murió en 1861, justo al comienzo de la Guerra Civil de Estados Unidos. La reina Victoria se vestía con ropa negra de luto en honor a su esposo. Usó ropa de luto durante más de cuarenta años y comenzó una moda que cruzó el Océano Atlántico. Coincidió con un momento en que muchas mujeres americanas vivieron la muerte de un ser querido.

PALABRAS ÚTILES

luto: mostrar tristeza por la muerte de alguien.

gutapercha: una sustancia hecha de savia de árbol que parece negra al endurecerse.

corsé: una pieza rígida de ropa interior con cordones atados lo más ajustados posible para que la cintura de una mujer se vea más pequeña.

La moda de luto no solo se trataba de un vestido negro: incluía sombreros, gorros, velos, pañuelos, zapatos y otra ropa vista en público. Habían negocios que solo vendían ropa negra. El ropaje de luto se extendía a las joyas también, con joyas de luto generalmente hechas de **gutapercha**. Los relicarios también estaban muy de moda, y las mujeres a menudo llevaban un mechón de pelo que les habían dado sus esposos, hijos o amados.

HECHOS Y CURIOSIDADES DE LA GUERRA CIVIL

★ La ropa usada por mujeres era bastante impráctica, con faldas largas que se arrastraban por el piso y eran casi imposibles de mantener limpias.

★ Las jóvenes que usaban las faldas con aros se conocían como "inclinadoras" por la tendencia de la falda a subirse o inclinarse en la parte de atrás.

★ Muchas mujeres hicieron campaña para cambiar su manera de vestir. Alegaban que el **corsé**, el cual ceñía la cintura lo más ajustada posible, era malo para la salud de una mujer.

ABANICO

1 Pídele ayuda a un adulto para usar el martillo y el clavo para hacer, con cuidado, un agujero pequeño en cada palito de helado. Los agujeros deberían hacerse más o menos en el mismo lugar en cada palito.

2 Enhebra el hilo para bordar o la cinta por los agujeros, creando una pila de palitos de helado. Ata el hilo o la cinta en un nudo suelto.

3 Crea una forma de abanico al esparcir los palitos. Coloca los palitos sobre el papel y dibuja la curva de un abanico en el papel.

4 Corta y decora la parte de afuera del lado de papel del abanico. ¡Se creativo!

5 Haz un pliegue en cada lado del abanico, de ½ pulgada de ancho. Coloca el abanico con el lado derecho hacia abajo, abre los palitos en forma de abanico y pégalos a la parte de abajo del abanico. Luego pega los pliegues a los palitos de afuera para sostener el abanico en su lugar. Deja que el pegamento se seque, y si quieres, agrega más decoraciones.

MATERIALES

- **martillo**
- **clavo**
- **siete palitos de helado gruesos**
- **hilo para bordar** o cinta delgada
- **tijera**
- **cartulina**
- **materiales para la decoración,** como marcadores, plumas, lentejuelas, purpurina
- **pegamento**

EN LA RETAGUARDIA
LA MÚSICA POPULAR

La música más popular en Estados Unidos durante los treinta años antes y durante la Guerra Civil se llamaba música minstrel. Esta música estaba basada en dos tradiciones musicales: la africana y la **celta**. La música minstrel tenía cuatro instrumentos principales: banjo, violín, pandereta y huesos, hechos de dos huesos de costilla de cerdo o vaca.

Los banjos llegaron a Estados Unidos con los esclavos africanos a finales de la década de los 1600, y su música se volvió parte de la cultura del Sur. La mayoría del Sur blanco fue colonizado por **inmigrantes** escoceses e irlandeses, y ellos trajeron consigo sus canciones tocadas con violines celta. De la mezcla de ambas tradiciones musicales surgió música únicamente americana, incluyendo el blues, bluegrass, country, ragtime y Dixieland.

La música minstrel también se basaba en la fea tradición de la "cara negra," que había formado parte de la música americana desde los tiempos coloniales. Los minstrels eran personas blancas que se pintaban las caras de negro, exageraban su habla y tocaban sobre el escenario mientras se burlaban de la gente negra.

PALABRAS ÚTILES

celta: irlandés y escocés.

inmigrante: una persona que se muda a un país nuevo.

Músico tocando el banjo con la tradicional "cara negra" en un espectáculo minstrel.

Los espectáculos minstrel en general estaban divididos en tres partes. Primero, miembros de la compañía minstrel cantaban canciones populares y contaban chistes y adivinanzas. Luego venía un acto variado que incluía a actores que subían uno a la vez para hacer espectáculos separados. La tercer parte en general era un obra satírica que combinaba actuación con canción que comentaba sobre temas actuales.

Músico tocando "huesos."

Los espectáculos minstrel se hicieron populares en los 1840, cuando un grupo llamado los Virginia Minstrels giraron por el país, tocando música y actuando las obras satíricas. Fueron un éxito tan grande que causaron una minstrel manía que alcanzó su punto álgido durante la Guerra Civil. Cientos de grupos minístreles actuaron en ciudades de todo el país. La música minstrel era tocada por cualquiera que levantara un banjo, violín o huesos.

Representación de un niño con un banjo.

∾ HECHOS Y CURIOSIDADES DE LA GUERRA CIVIL ∾

★ Los dueños de plantaciones a veces mandaban a sus esclavos con talento musical a New Orleans o al Norte para que aprendieran a tocar el violín para que actuaran en fiestas y bailes.

★ La música folclórica negra también se llamaba música de "contrabando." Era música cantada o tocada por esclavos de las plantaciones del Sur. Muchos norteños escucharon esta música por primera vez durante la Guerra Civil, e incorporaron su estilo y sonido a nuevos estilos musicales, como el blues, después de la guerra.

★ El músico blanco más famoso que tocaba el banjo durante la Guerra Civil era Sam Sweeney, un asistente al general confederado J.E.B. Stuart.

PANDERETA

1 Usando la regla, mide dos tiras de cartulina, 2 pulgadas de ancho y 24 de largo (5 x 60 cm).

2 Corta las tiras y pégalas juntas, dejando una lengüeta de 1 pulgada (2½ cm) al final de cada tira. Ahora tendrás una tira gruesa con una lengüeta de una sola capa a cada lado.

3 Usando tu lápiz, dibuja cinco rectángulos sobre la tira, alrededor de ½ pulgada de ancho y 2 de largo (1 x 5 cm). Deberían estar a 1½ pulgadas entre sí (4 cm). Usando la tijera o cuchillo Xacto, pídele ayuda a un adulto para cortar los rectángulos. Decora tu pandereta.

4 Ahora, dobla la tira formando un círculo y pega las lengüetas juntas. Usa los ganchos del tendero para mantener las lengüetas juntas hasta que se seque el pegamento. Si la pandereta debe ser más fuerte, puedes pegarle otro pedazo de cartulina en su costura.

5 Corta las puntas afiladas de los palillos de dientes y pon cada palillo a través de dos arandelas. Si estás usando tapas de botellas, usa un martillo y un clavo para perforar un agujero en las tapas y coloca dos en cada palillo. Pídele ayuda a un adulto con el pegamento caliente para pegar los palillos en el centro de cada rectángulo cortado. Deja que se seque.

MATERIALES

- **regla**
- **cartulina**
- **tijera**
- **pegamento**
- **lápiz**
- **cuchillo Xacto**
- **marcadores** o pintura
- **gancho del tendero de ropa**
- **5 palillos de dientes**
- **10 tapas de botellas** o arandela metálica
- **pegamento caliente**
- **martillo y clavo**

Lengüeta de cada lado   1½ pulgadas

2 pulgadas   Lengüeta de cada lado

Palillo de dientes con pega caliente

BANJO

MATERIALES

1 Corta la parte de arriba del contenedor de plástico. Corta solapas de ambos lados del contendedor, alrededor de 1 pulgada del fondo (2 ½ cm). Las solapas deberían ser lo suficientemente grandes para que entren los pedazos de madera. Mete los pedazos de madera por las solapas. Este será el "brazo" del banjo.

2 Martilla los clavos lado a lado al final del brazo del banjo. Deja que se vea ¼ pulgada del clavo (½ cm).

- **contenedor de plástico grande** (2 a 4 cuartos o litros)
- **tijera**
- **pedazo de madera, 30 x 1 x 2 pulgadas** (76 x 2 ½ x 5 cm)
- **2 clavos, 1 pulgada** (2 ½ cm)
- **martillo**
- **2 armellas cerradas**
- **3 yardas de sedal de nylon** (3 metros)
- **2 pedazos de madera ¾ x 2 x ¼ pulgada** (2 x 5 x ½ cm)
- **serrucho**
- **papel de lija**

clavos

armellas cerradas

3 Atornilla las armellas cerradas. Ata pedazos de sedal entre los clavos y las armellas. Anúdalos para que estén bien sujetados.

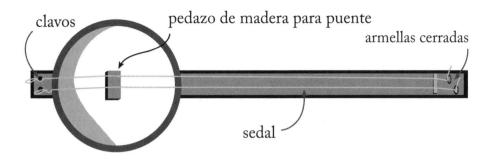

clavos

pedazo de madera para puente

armellas cerradas

sedal

4 Agarra uno de los pedazos más pequeños de madera para el "puente." Pídele ayuda a un adulto con el serrucho. Corta ranuras del tamaño de las cuerdas del lado de 2 pulgadas del puente para que las cuerdas queden bien colocadas sobre el puente. Usa el papel de lija para alisar los bordes. Coloca el puente debajo de las cuerdas en el punto donde las cuerdas se cruzan con el centro de la parte inferior del contenedor de plástico.

5 Coloca el otro pedazo pequeño de madera debajo de las cuerdas al lado de las armellas. Esto le dará extra tensión a las cuerdas. Para ajustar las cuerdas, atornilla aun más a las armellas. Las cuerdas deberían estar lo más ajustadas posible.

Tambor de banjo

Los banjos que trajeron los esclavos a Estados Unidos estaban hechos de calabaza, madera y pieles curtidas, con cáñamo o tripas como cuerdas. El cáñamo es un filamento textil de esa planta. La tripa es una cuerda hecha de los intestinos de animales. Durante la Guerra Civil, los soldados usaban lo que tenían a su alcance para construir banjos simples para tocar en los campamentos. A veces entraban a escondidas a las carpas de los tamborileros y hacían un agujero en la cabeza del tambor, luego esperaban a que los tamborileros tiraran la cabeza del tambor. Entonces, las usaban para sus banjos.

EN LA RETAGUARDIA
EL CAMINO SUBTERRÁNEO CLANDESTINO

El camino subterráneo clandestino empezó bastante tiempo antes del comienzo de la Guerra Civil. Se estableció en 1830, pero este camino no tenía trenes. Era una red de casas y otros refugios seguros para los esclavos escapándose hacia el Norte. Estos lugares seguros se llamaban "estaciones" y los guías se llamaban "conductores." Los esclavos se enteraban de estos caminos hacia la libertad por boca de otros e historias y canciones. "Follow the Drinking Gourd" era una canción que explicaba cómo seguir a la estrella del Norte y la Osa Mayor hacia el Norte, a Canadá.

Esclavos fugitivos, Rappahannock, Virginia, agosto de 1862.

El Acto del Esclavo Fugitivo (Fugitive Slave Act) de 1850 prohibía que alguien ayudara a los esclavos fugitivos. Se otorgaban multas y castigos a todo que se encontrara ayudando o escondiendo esclavos para que se escaparan hacia la libertad. Los cazadores de esclavos del Sur viajaban hacia las ciudades del Norte para capturar a los esclavos que se fugaron. También secuestraban a personas negras libres y se las llevaban al Sur.

La sociedad americana de colonización

En 1816, dos grupos de americanos formaron la American Colonization Society (sociedad americana de colonización). Un grupo consistía en sureños que querían mantener a los afroamericanos como esclavos, pero querían que los esclavos libres se vayan de Estados Unidos. El otro grupo era de norteños que querían liberar a todos los esclavos y regresarlos a África. Todos creían que los afroamericanos libres no podían integrarse a la cultura blanca de Estados Unidos ni convertirse en una parte importante de la sociedad. La sociedad americana de colonización recaudó fondos para enviar a los negros libres devuelta a África, formando una colonia en Liberia. En 1847, se eligió un gobernador negro, haciendo de Liberia la primera nación en África gobernada por una persona negra. Para 1860, alrededor de 11.000 negros se habían mudado a Liberia.

Los cazadores de esclavos hicieron mucho dinero al recibir las recompensas de los esclavos fugitivos. Antes de la Guerra Civil, solo una fracción de los millones de esclavos en el Sur intentaron escapar. Como la mayoría de los negros libres no tenían casi ningún tipo de documentación de su estatus libre, eran fácilmente "capturados" y revendidos como esclavos.

Ilustración de un cartel de recompensa en inglés, típico de la época.

Los esclavos en el Sur lucharon contra la esclavitud al trabajar lo más lento posible, hacerse los enfermos y destruir el equipo y la maquinaria de la granja.

Las estaciones en el camino subterráneo clandestino estaban marcadas con señales para indicar si el lugar era o no seguro. Una señal que indicaba una parada segura en el camino subterráneo clandestino era un farol colgado de un poste afuera de la casa segura. Si el farol estaba encendido, quería decir que se podía acercar con seguridad. Si el farol estaba apagado, era demasiado peligroso tocar a la puerta.

Quizá la persona más conocida dentro del camino subterráneo clandestino fue Harriet Tubman. Muchos esclavos la conocían como "Moisés." Harriet Tubman nació en la esclavitud de Maryland, escapando a Filadelfia en 1849 de jovencita. Allí trabajó como mucama y pronto comenzó a ayudar a liberar a otros esclavos a través del camino subterráneo clandestino. Era una de las fugitivas más deseadas, y su captura tenía una recompensa de miles de dólares. Viajó varias veces al Sur, y en su primer viaje logro traerse a su hermana y los hijos de su hermana devuelta a Filadelfia con ella.

Harriet Tubman

Harriet Tubman (a la izquierda) con esclavos que asistió durante la Guerra Civil.

Para cuando terminó la Guerra Civil, Harriet Tubman había ayudado a más de cincuenta esclavos escaparse hacia la libertad.

⤳ HECHOS Y CURIOSIDADES DE LA GUERRA CIVIL ⤳

★ Los esclavos usaban una calabaza vacía para recoger agua de un balde para beber. En inglés se llaman Big Dipper the Drinking Gourd.

★ La canción "Follow the Drinking Gourd" daba instrucciones codificadas para los esclavos escapando de Alabama y Mississippi, explicándoles que debían partir en el invierno, cuándo y dónde cruzar los ríos y dónde encontrarse con los guías que los llevarían a Canadá.

FAROL FERROVIARIO

1 Dibuja un patrón sobre la lata con un marcador.

2 Llena la lata vacía con agua y congélala hasta que este sólido. El hielo en la lata evitará que la lata se doble cuando le hagas los agujeros.

3 Pídele ayuda a un adulto para usar el martillo y el clavo. Haz agujeros con el clavo en la lata siguiendo el patrón que dibujaste. Al terminar, el patrón dibujado con el marcador debería estar totalmente delineado con pequeños agujeros. Puedes usar clavos de diferentes tamaños para hacer el patrón más interesante.

4 Perfora la lata en la parte de arriba de cada lado usando el martillo y el clavo. Aquí irá la percha de alambre.

5 Coloca el alambre a través de cada lado de la lata y retuerce las puntas para unirlas. Usarás esto para colgar tu farol afuera.

6 Pon la lata en la tina mientras se derrite el hielo. Vierte lo que quede de agua. Cuando la lata esté seca, coloca la pequeña vela en el fondo del farol y préndela. La luz de la vela iluminará el patrón, iluminando así el camino hacia la libertad.

MATERIALES

- **lata vacía**
- **marcador permanente negro**
- **agua**
- **congelador**
- **martillo y clavos**
- **alambre de 6 pulgadas** (15 cm)
- **vela pequeña**

abolicionista: una persona que creía que la esclavitud debía ser abolida o terminada.

abolir: terminar algo.

activista: una persona que lucha por lo que cree.

actor de una reconstrucción: alguien que reconstruye un evento pasado.

afluencia: la llegada de grandes cantidades de personas.

agarra una raíz: comer una papa para la cena.

ama de casa: costurero.

amputar: cortar y separar del cuerpo.

andamio superior: primera clase, el mejor.

apertura de la pelota: unidades esperando entrar a la batalla.

a prueba de bombas: un refugio debajo de la tierra. También un oficial o soldado que nunca peleó en batallas.

aquí está tu mula: una frase que la infantería usaba para insultar a la caballería.

artillería: una división del ejército que maneja armas grandes.

asunto: motivo de preocupación.

avispón: bala.

baja: alguien muerto o herido en la batalla.

banjar, bangie, banza: banjo

barracón: alojamiento para los soldados.

bloqueo: bloquear un lugar o una zona.

Bummer: un holgazán, un forrajero, o alguien a salvo en el fondo.

buque de vapor: un barco con una rueda a pedales impulsada por un motor a vapor.

caballería: soldados entrenados a pelear a caballo.

calado: la profundidad de un barco en el agua necesaria para que flote.

camino subterráneo clandestino: una red de casas y refugios seguros a los que acudían los esclavos fugitivos, pasando de una a otra hacia el Norte y su libertad.

cantinero: una persona que le vendía comida y provisiones al ejército.

celta: irlandés y escocés.

civil: una persona que no es un soldado.

comadreja: un compañero.

como pez en el agua: muy cómodo o acogedor.

compañeros de líos: soldados que cocinaban y comían juntos.

Compra de Louisiana: la tierra al oeste del río Mississippi que Estados Unidos le compró a Francia en 1803.

Confederación: el gobierno establecido por los estados sureños de Estados Unidos al dejar la Unión en 1860 y 1861. Llamado los Estados Confederados de América o la Confederación.

congregación de reclutamiento: una reunión pública para alistar nuevos miembros al ejército.

Constitución: el documento que establece las reglas para gobernar un país.

corpiño: la parte de un vestido encima de la cintura.

corriente: agua constantemente fluyendo hacia una dirección.

corsé: una pieza rígida de ropa interior con cordones atados lo más ajustados posible para que la cintura de una mujer se vea más pequeña.

descarado: comportarse con audacia, de maneras desaprobadas.

descifrar: descubrir el significado de algo.

desnutrición: mal alimentado o sin recibir suficiente alimentación.

GLOSARIO

el querido de alguien: un soldado muerto. También en inglés es el nombre de una canción popular de la Guerra Civil, llamada "Somebody's Darling."

endulzamiento largo: melaza

esclavitud: cuando usan a los esclavos como obreros. Un esclavo es una persona que es la propiedad de otra persona y está obligada a trabajar sin pago y en contra de su voluntad.

espaldas grises: soldados sureños.

estandarizar: todo igual.

evacuar: dejar un lugar peligroso e ir a un lugar seguro.

fértil: bueno para crecer cosechas.

flota: un grupo de buques.

flotilla: un grupo o una flota de barcos.

forrajear: buscar comida o provisiones y vivir de la tierra.

fuerzas: un grupo militar organizado para pelear.

fugitivo: alguien que se escapa o huye.

goobers: cacahuetes

gorro Bummer: uniforme reglamentario o gorro quepis.

Guerra Civil: la guerra en Estados Unidos, de 1861 a 1865, entre los estados del Norte y los estados esclavistas del Sur.

guerra de trinchera: cuando tropas enemigas pelean desde las trincheras, frente a frente.

guerra total: destruyendo por completo los medios del enemigo para pelear una guerra.

gutapercha: una sustancia hecha de savia de árbol que parece negra al endurecerse.

hayfoot, strawfoot: en español equivale a pie de paja, pie de heno; se usaba como orden para enseñarles a los soldados nuevos la diferencia entre el pie izquierdo (hayfoot) y el derecho (strawfoot).

hecho a medida: hecho para que le quede exactamente bien a una persona.

hélice: una espiga con aletas que gira con un motor para mover un avión o buque.

infantería: soldados entrenados a pelear a pie.

inmigrante: una persona que se muda a un país nuevo.

innovación: una idea o invención nueva.

línea de piquete: la línea entre los soldados de la Confederación y la Unión en el campo de batalla.

lío: cocinar y comer juntos.

luto: mostrar tristeza por la muerte de alguien.

milicia: gente con entrenamiento militar que se los llama solo durante una emergencia.

motín: protestar contra algo de manera violenta.

obsoleto: que ya no se hace o usa más.

panera: estómago.

parlotear: hablar.

patas palmeadas: una frase que la caballería usaba para insultar a la infantería.

peleas sitiadas: batallas largas donde cada lado yace en espera de que el otro se rinda.

pensión: un pago regular del gobierno después de terminar el servicio.

periscopio: un tubo con espejos para observar objetos o personas que están fuera de vista.

pescados frescos: reclutas nuevos

petición: un pedido escrito firmado por muchas personas.

piquete: un guardia o servicio de guardia.

plantación: una granja grande del Sur con esclavos como obreros.

producir en masa: hacer grandes cantidades de cosas en fábricas.

GLOSARIO

prohibir: hacer ilegal.

rata de hospital: una persona que finge estar enfermo.

recaudación de fondos: una actividad para reunir dinero para una causa.

recluta: un sistema donde la gente debe alistarse en el ejército.

reconocimiento: observación militar para localizar a un enemigo.

reconstrucción: reconstruir o actuar un evento pasado.

recurso: algo útil o valioso.

regimiento: un grupo grande de soldados dividido en grupos menores, llamados batallones.

resaltar: algo que llama la atención.

sano como un roble: en forma, saludable, sentirse bien.

separar: irse o retirarse formalmente.

serrucha huesos: un cirujano.

simpatizante: una persona que está de acuerdo con la opinión o posición de un tema.

territorio federal: la tierra que le pertenece a Estados Unidos que todavía no se había establecido como un estado.

torreta: una pequeña torre para pistolas u otras armas.

tráfico de esclavos: el acto de comprar gente en África y venderla en Estados Unidos.

trapos: ropa.

tripas de pollo: el trenzado dorado del puño de un oficial.

tropas: un grupo grande de soldados.

Unión: Estados Unidos, pero en particular los estados del Norte durante la Guerra Civil de Estados Unidos.

venta benéfica: una venta de artículos para una organización benéfica.

víveres: comida o raciones.

Zuzu: Zouaves.

FOTOGRAFÍAS

Todas las fotos, menos las mencionadas aquí, son cortesía de la Biblioteca de Congreso de Estados Unidos.

Portada: Fotografía de tambores por cortesía de Michael K. Sorenson; Grant Library of Congress; **pág. 12:** Johnny Shiloh, *www.cs.amedd.army.mil/rlbc/clem.htm*; **págs. 29, 30:** *www.history.navy.mil*; **pág. 41:** *www.navymedicine.med.navy.mil*; **págs. 42, 43:** *www.history.navy.mil*; **pág. 58:** *www centennialofflight.gov*; **pág. 78:** cartas, *www.bee.net*; **págs. 101, 102:** Ilustraciones de la moda por cortesía de Son of the South, *www.sonofthesouth.net*; **pág. 105:** músico tocando el banjo *home.versateladsl.be*.